Farbe³

Color cubed

27th January 2013
bisto 28th April 2013

Museum gegenstandsfreier Kunst 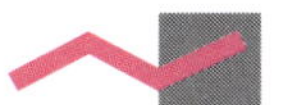

KERBER ART

Farbe^3

Color

Yuji Takeoka, Werner Haypeter, Christian F. Kintz im

cubed

at Museum gegenstandsfreier Kunst

Inhaltsverzeichnis

Contents

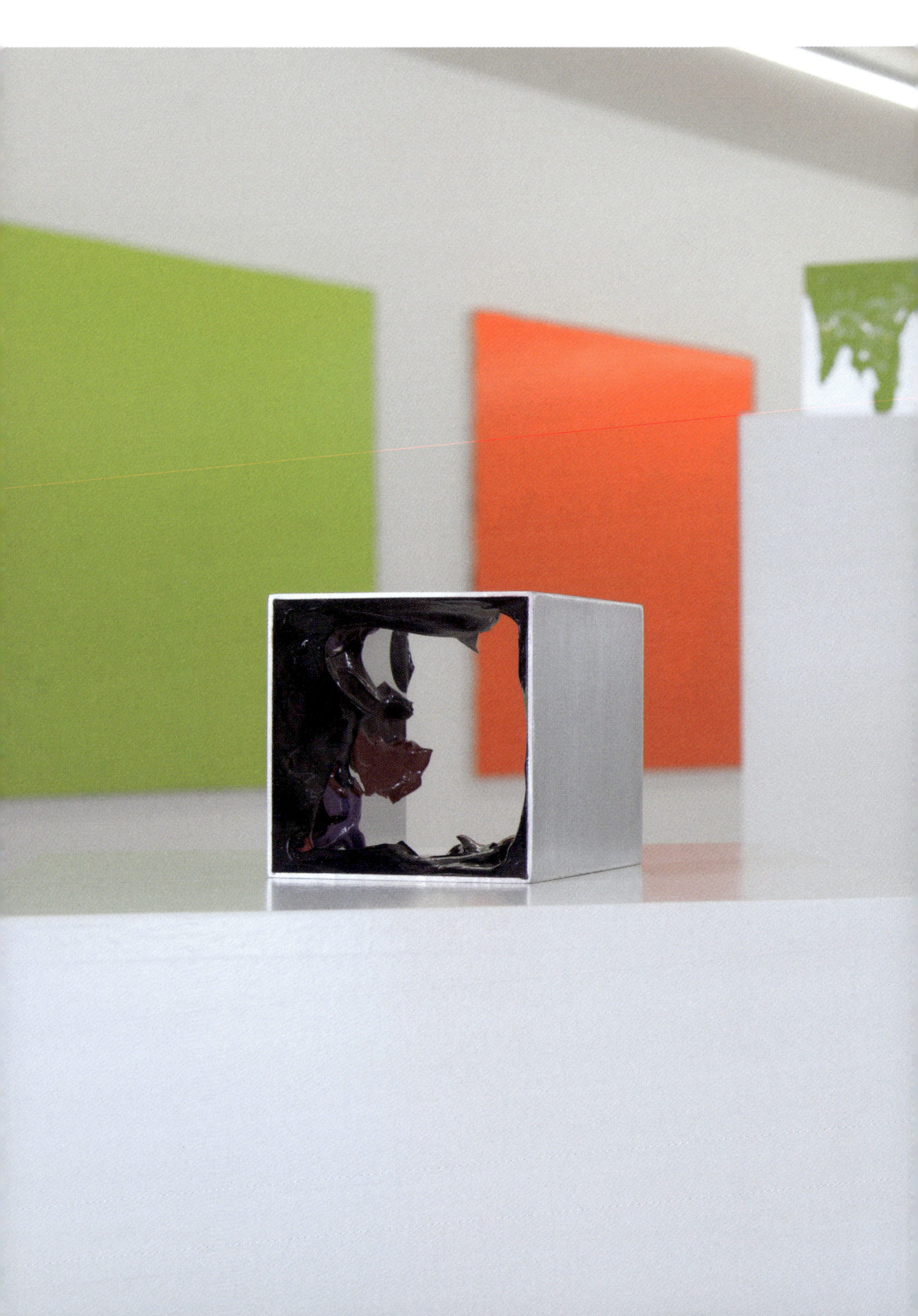

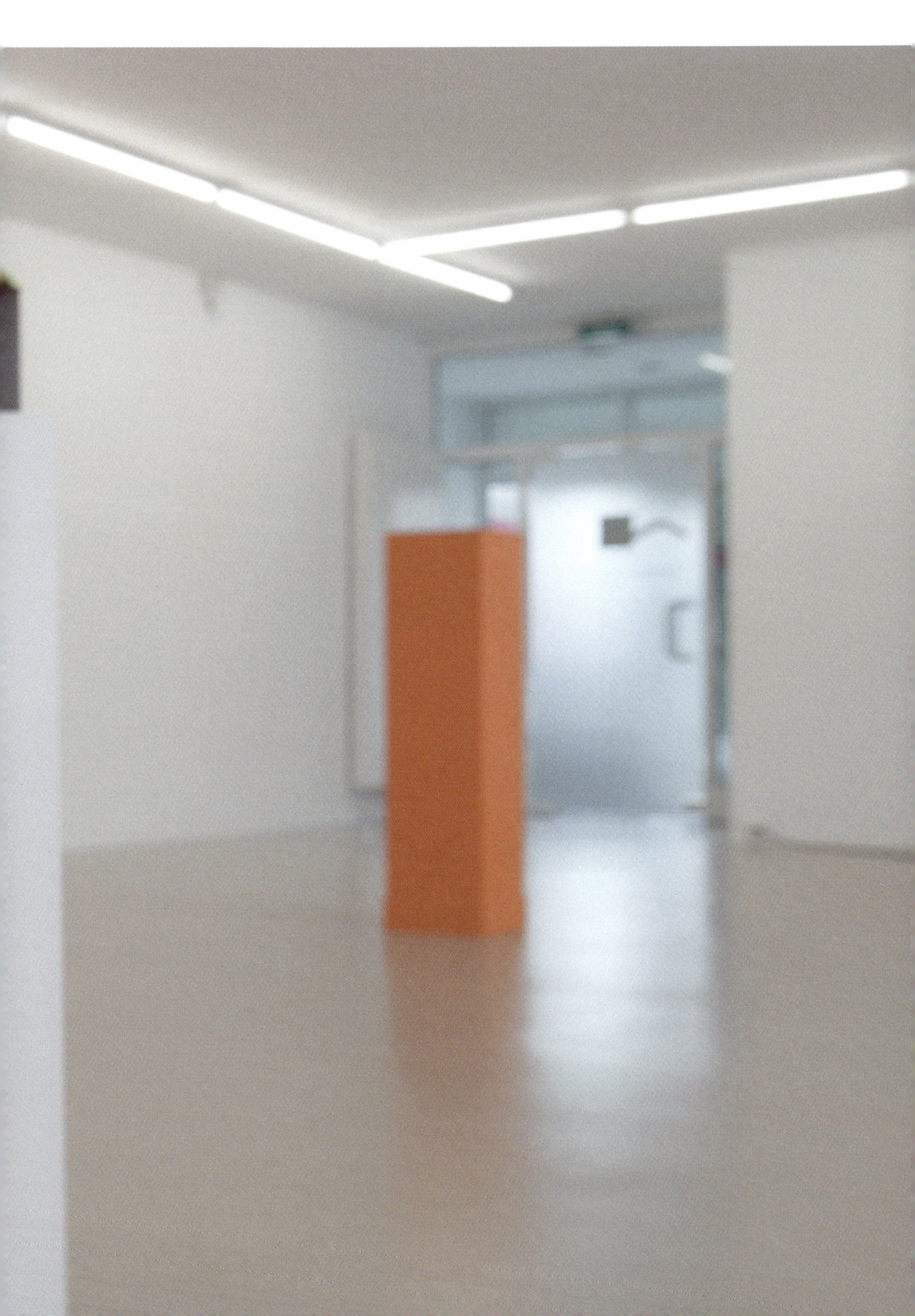

Farbe und Körper/Raum – eine neue Einheit

Matthias Bleyl

Farbe³ bezieht sich sowohl auf die Dreizahl der Aussteller als auch auf den Bezug der Farbe zur Räumlichkeit. Dieser hat im Museum gegenstandsfreier Kunst bereits einen angestammten Platz, denkt man nur an einige Ausstellungen der letzten 15 Jahre, wie von Sol LeWitt, Elisabeth Vary und Günter Umberg, Cécile Bart, Michael Venezia, Andreas Schmid, Elisabeth Sonneck, Felice Varini, Ulrich Erben, Paul Schwer oder Judy Millar. Dabei handelt es sich zum einen um Entwicklungen der Malerei von der Flächenfarbe ausgehend zum Körper und zum Raum. Darüber hinaus gibt es auch den umgekehrten Weg, von der bildhauerischen Form zur Farbe, also dreidimensionale Objekte, die von ihren Schöpfern von vornherein farbig gedacht werden. Bei *Farbe³* besteht also sowohl die Möglichkeit von an der Außenseite farbig gefassten Körpern (Volumen) als auch von an der Innenseite farbig gefassten Hohlkörpern (Raum). Letzteres hat eine Tradition seit der Antike in der flächengebundenen Wand- und Deckenmalerei. Wenn sich die Malerei jedoch selbst die dritte Dimension erobert, liegt eine von ihrer historischen Gebundenheit an die Fläche abweichende, neuartige mediale Erweiterung vor, die noch nicht lange zu beobachten ist. Dagegen ist das Phänomen der Farbe in der Skulptur ein sehr altes. Dreidimensionale Kunst wurde zu fast allen Zeiten farbig gefasst. Heute wissen wir, dass schon die lange Zeit lediglich als ausschließlich steinsichtig eingeschätzten Skulpturen und Reliefs der Antike keineswegs nur den blendend weißen Marmor sehen ließen, sondern oft eine durchaus nicht immer nur zurückhaltende Buntfarbigkeit zeigten. Der Grund für die zeitweise Bevorzugung unfarbiger Bildwerke dürfte in dem ideologisch postulierten Grundgegensatz von Idea und Imitatio, also von der Unterscheidung in ideale Kunst und banale Natur, zu finden sein, oder generell, im Gegensatz von Sein und Schein. Galten farbige, besonders naturalistische

Figuren geradezu als Konkurrenten zur Natur und wurden als überflüssig und banal eingeschätzt, im Extrem allenfalls gut für die kurzzeitige Verblüffung im populären Wachsfigurenkabinett, so mussten ungefasste Figuren als Träger einer verallgemeinerbaren Wahrheit erscheinen. Seit der Abkehr von der figürlichen Darstellung, sogar noch der abstrahierten Figur, etwa im zweiten Jahrzehnt des 20. Jahrhunderts, hat die konkret gewordene Kunst, gerade auch die dreidimensionale, keine Berührungsangst mehr vor der Farbe. Mit der Aufgabe des menschlichen Körpers als Darstellungsgegenstand der Bildhauerei und der bloßen Gestaltung der grundlegenden Elemente im Sinne konkreter Kunst ergibt sich bei der Anwendung der Farbe an der Skulptur ein Farbkörper. Was die Farbe gegenüber der reinen Form des Körpers zu leisten vermag, verdeutlicht das Gedankenexperiment, sich die nur einheitlich neutralfarbige Form vorzustellen, ohne jede buntfarbige Akzentuierung, wobei sich die Erscheinung im Wesentlichen auf raumbildendes Helldunkel reduziert. Dagegen können durch die hinzutretende Farbe sehr verschiedene Wirkungen erzeugt werden, je nach Sättigungsgrad, glänzende, transparente oder absorbierende Oberflächen, Teil- oder Vollfärbung, Ein- oder Mehrfarbigkeit und andere Faktoren.

Das Erscheinungsbild konkreter Kunst hat sich jedoch – nicht nur, aber gerade auch im Bereich dreidimensionaler Gestaltung – seit den 1960er-Jahren, besonders durch die Erfahrungen der amerikanischen Minimal Art, erheblich erweitert. Die Minimal Art bediente sich einiger bildnerischer Strategien, die denen der historischen Konkreten Kunst in Europa durchaus ähneln, beispielsweise präzise, meist geometrische Formen, einfache mathematische Operationen und a-kompositionelle Strukturbildungen sowie Farbgebungen ohne erkennbare Spuren manueller Tätigkeit. Die dabei entstandenen, neuartigen Werke wurden bald als Specific Objects bezeichnet und gewannen erheblichen Einfluss auf die Entwicklung auch in Europa, wodurch es zu völlig neuen gestalterischen Möglichkeiten hinsichtlich Farbe und Körper oder Raum kam. Dabei intendierte und leistete die Minimal Art aber eine kategoriale Betrachteraktivierung, die traditionelle Konkrete Kunst in diesem Maß nicht ermöglicht und auch nicht anstrebt. Der Minimal Art und den aus ihr ableitbaren Strömungen ging es vordringlich darum, dem Betrachter paradigmatische Erfahrungsmöglichkeiten zu eröffnen. Nicht ein autonomes, ästhetisches Objekt stand im Mittelpunkt, sondern die durch dieses überhaupt erst veranlasste und ermöglichte Erfahrung farb-räumlicher Wahrnehmung, und eben hier setzen die Werke von *Farbe³* an. Die Ausstellung schließt auch flüchtige farbräumliche Phänomene mit ein, die sich in der Wechselwirkung verschiedener Werke im Raum von bestimmten Betrachterstandpunkten aus ergeben, wie Spiegelungen eines Werks in der Oberfläche eines anderen, Ansichten eines Objektes durch Hohlräume eines anderen und farbige Interaktionen über räumliche Distanzen hinweg.

Color and Volume/Space: A New Unity

Matthias Bleyl

Farbe³ refers both to the number of artists exhibited and to color's relationship with three-dimensionality. The latter already has an established place in the Museum gegenstandsfreier Kunst: one need only think of several exhibitions from the past fifteen years, and of Sol LeWitt, Elisabeth Vary and Günter Umberg, Cécile Bart, Michael Venezia, Andreas Schmid, Elisabeth Sonneck, Felice Varini, Ulrich Erben, Paul Schwer, and Judy Millar. The exhibition concerns, first, developments that start out from planar color and move toward volume and space. There is, however, also the opposite path, from the sculptural form to color—that is, three-dimensional objects that were conceived by their creators from the outset as "colored." *Farbe³* thus offers both the possibility of solid bodies (volume) colored on the outside and hollow bodies (space) colored on the inside. The latter follow a tradition dating from antiquity with regards to planar wall and ceiling painting. If painting has since conquered even the third dimension, however, there is too a new extension of the medium deviating from its historical link to the plane that has not been observed for very long. By contrast, the phenomenon of color in sculpture is a very old one. Three-dimensional art has been colored in nearly every era. Today we know that ancient sculptures and reliefs that were long thought to have been composed exclusively of exposed stone were by no means revealed as blindingly white marble but often displayed a not always understated palette of color. The reason behind the occasional preference for colorless sculptures can probably be found in the ideologically postulated basic antithesis of idea and imitatio—that is, of the distinction between ideal art and banal nature or, more generally, between essence and appearance. Whereas colored figures, especially naturalistic ones, were considered to be almost competitors with nature and hence judged superfluous and banal—in extreme cases, good only for fleeting astonishment in popular wax museums—unpainted figures were seen as upholders of a more generalizable truth. Since the turn away from figurative depiction, even the abstracted figure, around the second decade of the twentieth century, concrete art (especially three-dimensional art) no longer had avoided contact with color. With sculpture's brief to depict the human body and to merely design fundamental elements in the spirit of concrete art, a colored volume results when color is used for sculpture. Exactly what color can achieve over the pure form of the volume can be clarified by the thought experiment of imagining forms of consistent, neutral color without any accents of color, so that their appearance is essentially reduced to a chiaroscuro that defines depth. By contrast, adding color can produce very different effects, depending on various elements, including the degree of saturation, whether surfaces are shiny, transparent, or absorbent, whether the coloring is complete or partial, or whether one or more colors are used.

Since the 1960s, however, the range of the appearance of concrete art has considerably expanded—not only in three-dimensional art, although especially there—thanks in particular to the experiences of American Minimal art. Minimal art employed several artistic strategies that certainly resembled those of historical

Concrete art in Europe—for example, precise, usually geometric forms; simple mathematical operations; and acompositional structures as well as paint applied without any recognizable traces of manual activity. The consequent innovative works soon came to be known as "specific objects" and they also had considerable influence on developments in Europe, resulting in completely new design possibilities with regard to color and volume or space. In the process, Minimal art intended and achieved a categorical engagement of the viewer that traditional Concrete art had neither permitted to that degree nor aspired to. Minimal art and the trends that derived from it were urgently concerned with opening up for the viewer paradigmatic possibilities of experience. The focus was not on the autonomous aesthetic object but rather on the experience of perceiving the color and space that it had prompted and enabled in the first place. This is the point of departure for the works in *Farbe³*. The exhibition also includes ephemeral phenomena of color space resulting from the interaction of different works in space when seen from certain standpoints—for example, when one work is reflected in the surface of another, when an object is viewed through the hollow spaces of another one, or when colors interact across spatial distances.

„Man stelle die Farben einander gegenüber, und sie singen. Im Chor und als Solisten.“[1]

Ulrike Schick

Mit *Farbe³* knüpft das Museum gegenstandsfreier Kunst an die Idee der Ausstellung *Gestern war – heute ist* an, in der neuere Werke ausgewählter Künstler ihren älteren Arbeiten aus der Sammlung gegenübergestellt wurden.[2] Der Titel *Farbe³* bezieht sich nicht nur auf den Sachverhalt, dass es drei Künstler sind, die ihre Arbeiten zeigen, sondern auch auf Farbe als Materialität, als Volumen und Raum schaffende, in die dritte Dimension ausgreifende Potenz.

Yuji Takeoka (geb. 1946 in Kyoto, Japan, lebt und arbeitet in Düsseldorf und Bremen), Werner Haypeter (geb. 1955 in Helmstedt, lebt und arbeitet in Düsseldorf und Bonn) und Christian F. Kintz (geb. 1968 in Freiburg, lebt und arbeitet in Hamburg) gehören unterschiedlichen Altersgruppen an. Sie zeigen Arbeiten, die sie ihren, aus den jeweiligen Einzelausstellungen angekauften, älteren Werken gegenüberstellen. Sie beginnen so einen Dialog mit sich selbst, innerhalb ihres Werkes zwischen älteren und neueren Arbeiten und natürlich mit dem Gegenüber, den Werken der anderen.

Alle drei gegenstandsfrei arbeitenden Künstler beschäftigen sich dabei nicht ausschließlich mit dem Phänomen Farbe als Tonigkeit, sondern auch mit dem Material Farbe in seiner Konsistenz und der Frage seiner körperlichen Wirkung und Ausstrahlung im Raum.

Dass diese im Temperament so unterschiedlichen Künstler zu einem Dialog bereit waren, entschied sich in den Tagen des Aufbaus, den sie alle betreuten. Trotz ihrer verschiedenartigen Wahrnehmung und Umsetzung von Farbgebung, Material und Räumlichkeit, vereint sie die Radikalität, mit der sie Orte und Räume beschreiben und einnehmen, sie mittels Farbe prägen und neu definieren.

1 Derek Jarman, *Chroma. Ein Buch der Farben*, Berlin 1995, S. 179.
2 *Gestern war – heute ist*, Museum gegenstandsfreier Kunst, 20.1.–30.3.2008, Otterndorf 2008.
2 Augusto Giacometti, zitiert nach Walter Hess, *Das Problem der Farbe in den Selbstzeugnissen der Maler von Cézanne bis Mondrian*, München 1993 (Originalausgabe von 1981), S. 113.

„Es war mir immer, [...] als ob es ein Leben der Farben an sich gäbe, das schon vor der Welt der Gegenstände da war und davon die Gegenstände ihre Farben entlehnen.“[3]

Man kann von der Vollendung eines Kunstwerks sprechen, wenn es dem Künstler gelungen ist, Farbe so einzusetzen, dass sie in diesem, sowohl in Erscheinung als auch in Materialität, wie selbstverständlich ihren Platz hat, eben so, als sei sie schon immer dagewesen und gehöre auch nirgendwo anders hin.

An den Farben stoppt der Blick, sie erregen, sie erinnern ihn, an ihnen erfährt er markant das Gegenüber, nimmt Anteil, erlebt Freude oder Erschütterung. Farben gebieten dem Auge Einhalt und regen die Empfindung an, meist mehr als Flächen oder Körper reizen sie die Sinne. Um mit René Magritte zu reden: „Jedes geglückte Bild ist ein kleines Weltbild, ein Sinnbild der Welt.“[4]

Ihre unterschiedlichen Temperamente, in Kraft und Tempo, Gefühl und Stille, Nähe und Ferne zeigen eine mannigfache Vielfalt an Farbspielen, jedes für sich ist nachvollziehbar radikal in seiner Haltung. Die Eigenständigkeit einerseits und dennoch hohe Soziabilität der Werke erfährt man im Gegenüber, im Miteinander der Solisten. Ob ein Blick durch eine Arbeit neue Verbindungen schafft, eine Spiegelung Distanzen infrage stellt oder ein Umschreiten die Tonigkeit der Farbe verändert, Bezüge und Verwandtschaften sind bewusst gesucht. Grenzen sind hier nicht nötig, denn „nicht nur um Farbe als Farbe geht es, sondern um Farbe als Ermöglichung menschlicher Selbsterfahrung.“[5]

4 Zitiert nach Günter Wohlfart, „Das Schweigen des Bildes“, in: Gottfried Böhm (Hrsg.), *Was ist ein Bild*, München 1994, S. 163–183, hier S. 182.

5 Lorenz Dittmann, „Was bedeutet: Befreiung der Bildfarbe?“, in: *Kunstforum international*, Bd. 88, Köln 1987, S. 90–95, hier S. 95.

"You Set the Colors against Each Other and They Sing. Not as a Choir but as Soloists".[1]

Ulrike Schick

With *Farbe³*, the Museum gegenstandsfreier Kunst is once again taking up the idea of the exhibition *Gestern war—heute ist*, in which newer works by selected artists were juxtaposed with older works from the collection.[2]
The title *Farbe³* refers not only to the fact that there are three artists showing their work but also to color as materiality, as a power that creates volume and space and reaches out into the third dimension.
The three featured artists, Yuji Takeoka (b. 1946 in Kyoto, Japan, lives and works in Düsseldorf and Bremen), Werner Haypeter (b. 1955 in Helmstedt, lives and works in Düsseldorf and Bonn), and Christian F. Kintz (b. 1968 in Freiburg, lives and works in Hamburg), belong to different age groups. They are showing works that are juxtaposed with earlier works, purchased from previous solo exhibitions at the museum. Thus in effect they are initiating a dialogue with themselves, between older and newer works in their oeuvre, and of course with their vis-à-vis: the works by the other artists.
Although all three artists work in a nonobjective style, they are not exclusively preoccupied with the phenomenon of color as tonality but also with the material of paint—with regards to its consistency as well as the issue of its physical effect and transference in space. The willingness of these artists, so different in temperament, to engage in a dialogue was established in the days they spent participating in installing the exhibition. Despite their different ways of perceiving and implementing color, material, and spatiality, the three are united by the radicalness with which they describe and appropriate sites, spaces, and shape, and redefine them by means of color.
"For me it was always ... as if colors had a life of their own, which was there before the world of objects, and the objects took their colors from it."[3]

1 The title of this essay is taken from Derek Jarman, *Chroma. A Book of Color* (Minneapolis: University of Minnesota Press, 2010), p. 137.
2 *Gestern war—heute ist*, exh. cat., January 20–March 30, 2008 (Otterndorf: Museum gegenstandsfreier Kunst, 2008).
3 Augusto Giacometti (from Farbe und ich, 1934), quoted in Walter Hess, *Das Problem der Farbe in den Selbstzeugnissen der Maler von Cézanne bis Mondrian* (Munich: Mäander, 1953), p. 113.

One can speak of a work of art being perfect if the artist has managed to employ color in such a way that it has its seemingly self-evident place in it, both in its appearance and its materiality: as if it had always been there and did not belong anywhere else.
The gaze pauses on colors, which are both stimulating and evocative; it strikingly perceives its vis-à-vis based on them, participates in them, experiences joy from or is surprised by them. Colors offer the eye a place to rest as well as stimulating sensation; they arouse the senses, usually more than planes or volumes do. The statement once made about René Magritte is appropriate here: "Every successful picture is a small image of the world, a symbol of the world."[4] Their different temperaments, in power and tempo, emotion and stillness, proximity and distance, reveal a diverse variety of color games; each of them is understandably radical in its attitude. The works' autonomy, on the one hand, and their high sociability, on the other, is experienced in the vis-à-vis, in the togetherness of the soloists. Whether a gaze creates new connections by means of a work, or a reflection calls into question distances, or the act of walking around changes the tonality of the colors, connections and relationships are deliberately sought. It is not necessary to have boundaries, since "it is not only about color as color but about color as a way to permit human self-experience."[5]

4 Günter Wohlfart, "Das Schweigen des Bildes," in Gottfried Boehm, ed., *Was ist ein Bild?* (Munich: Wilhelm Fink, 1994), pp. 163–83, esp. p. 182.
5 Lorenz Dittmann, "Was bedeutet: Befreiung der Bildfarbe?," *Kunstforum international* 88 (1987): pp. 90–95, esp. p. 95.

Yuji Takeoka

Souverän und würdevoll

Ulrike Schick

Stille, überall ist es eine Stille, die keine Leere meint, die Yuji Takeokas Räume und Orte bezeichnet.
Ganz unabhängig von deren Beschaffenheit, Ausbreitung oder Farbigkeit nimmt man sich zurück, hält inne, ist leise. Matt oder glänzend, klein oder groß, von starker oder reduzierter Farbigkeit, im Raum oder an der Wand – der Betrachter wird zurückgeworfen auf sich selbst. Ein immer wiederkehrendes Moment in seinem Schaffen ist der Sockel.
Dieser hat die Funktion der Erhöhung eines Objekts. Etwas auf einen Sockel, einen Podest stellen, bedeutet, dass etwas aus dem Einer-unter-vielen-Sein befreit und in den Vordergrund gestellt wird.
Hier jedoch wird der Sockel selbst erhoben. Er erhält eine neue Funktion, eine, die nicht dient, sondern sich selbst darstellt, er steht im Mittelpunkt.

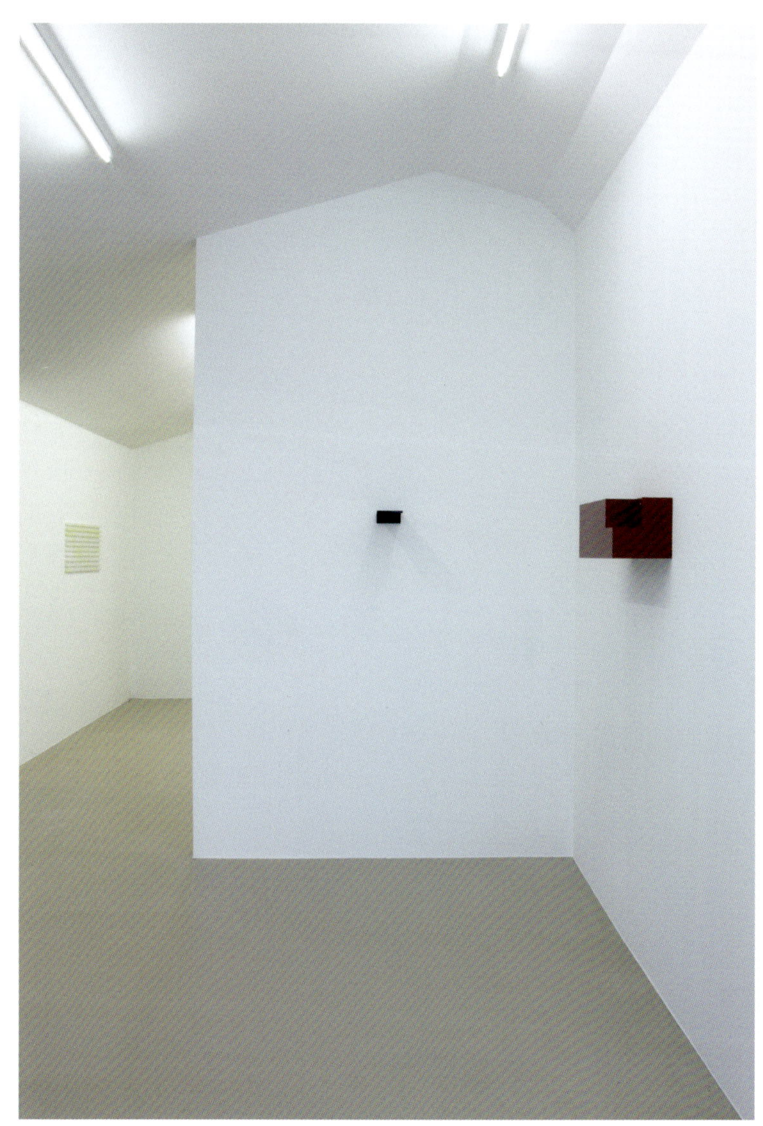

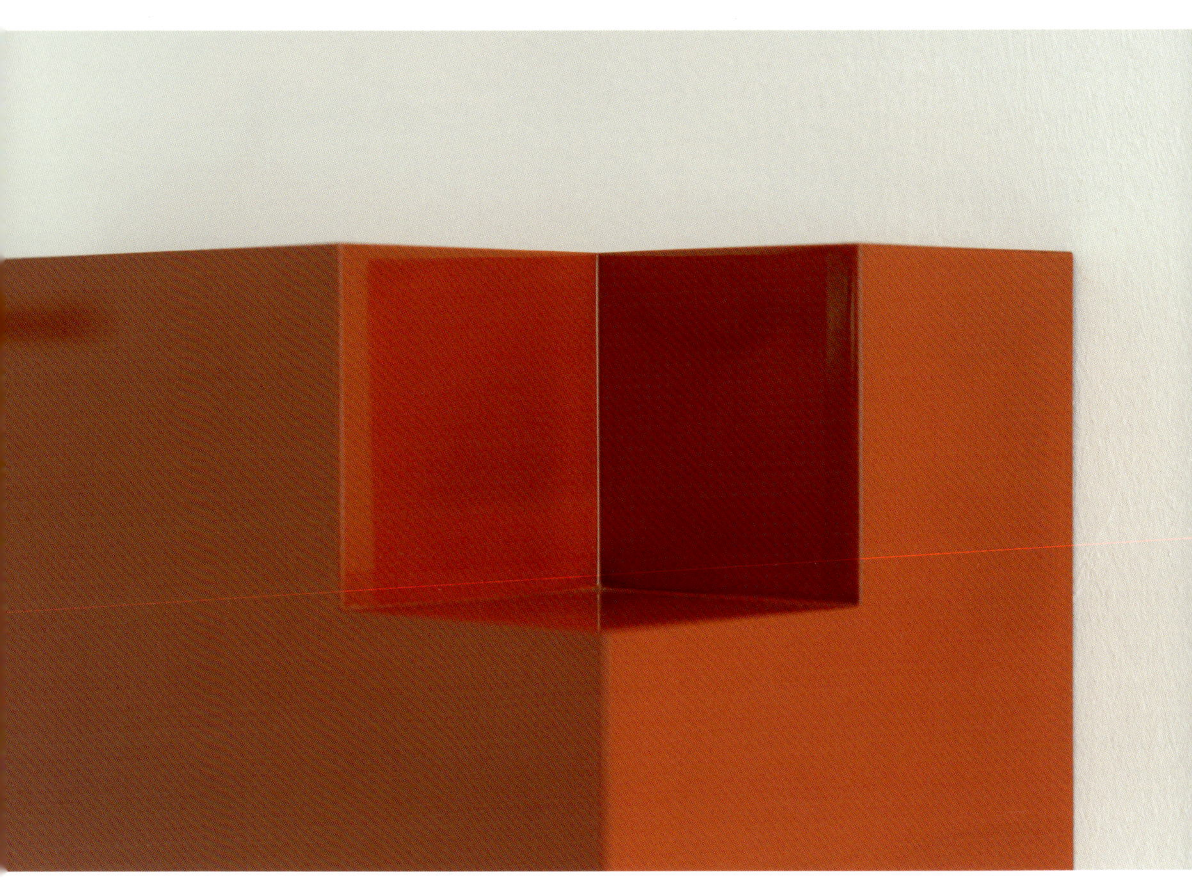

1 Yuji Takeoka und Minoru Shimizu, „Gespräch", in: *Ein leeres Dazwischen*, Kunstverein für die Rheinlande und Westfalen, Düsseldorf 2000, S. 24 ff.

So wie Farbe im Material sie selbst sein darf, steht der Sockel für sich. Er kann Raum schlucken und wiedergeben, den Betrachter, die Umgebung in sich einfangen, damit erhöhen oder in seinen Dimensionen den Ort bezeichnen. Unabhängig von seiner Beschaffenheit, ob Corian (S. 7) oder Bronze (S. 26), lebt er durch seine Farbe.
Takeoka sagt zu der farbigen Erscheinung seiner Werke: „Meine Farbe ist als Farbigkeit zwar sekundär, aber sie trägt als Farbe eine wichtige Bedeutung [...] In gewissem Sinne will ich die Oberflächenqualität eines Dinges ändern, und in diesem Bewußtsein entscheide ich mich für eine gewisse Farbe [...] die Entscheidung für eine Farbe ist ein bisschen paradox: ich frage mich nicht, ‚warum die und die Farbe', sondern ‚warum nicht die und die'. Aus einem komplizierten Verhältnis zum Material, zur Oberfläche und zum Kontext wird eine Farbe ausgewählt. Farben werden nicht erscheinungsmäßig für Gelb oder Blau entschieden, sondern ihre Seinsweise ist immer materialbedingt: Lackgelb, Sperrholzblau etc."[1]

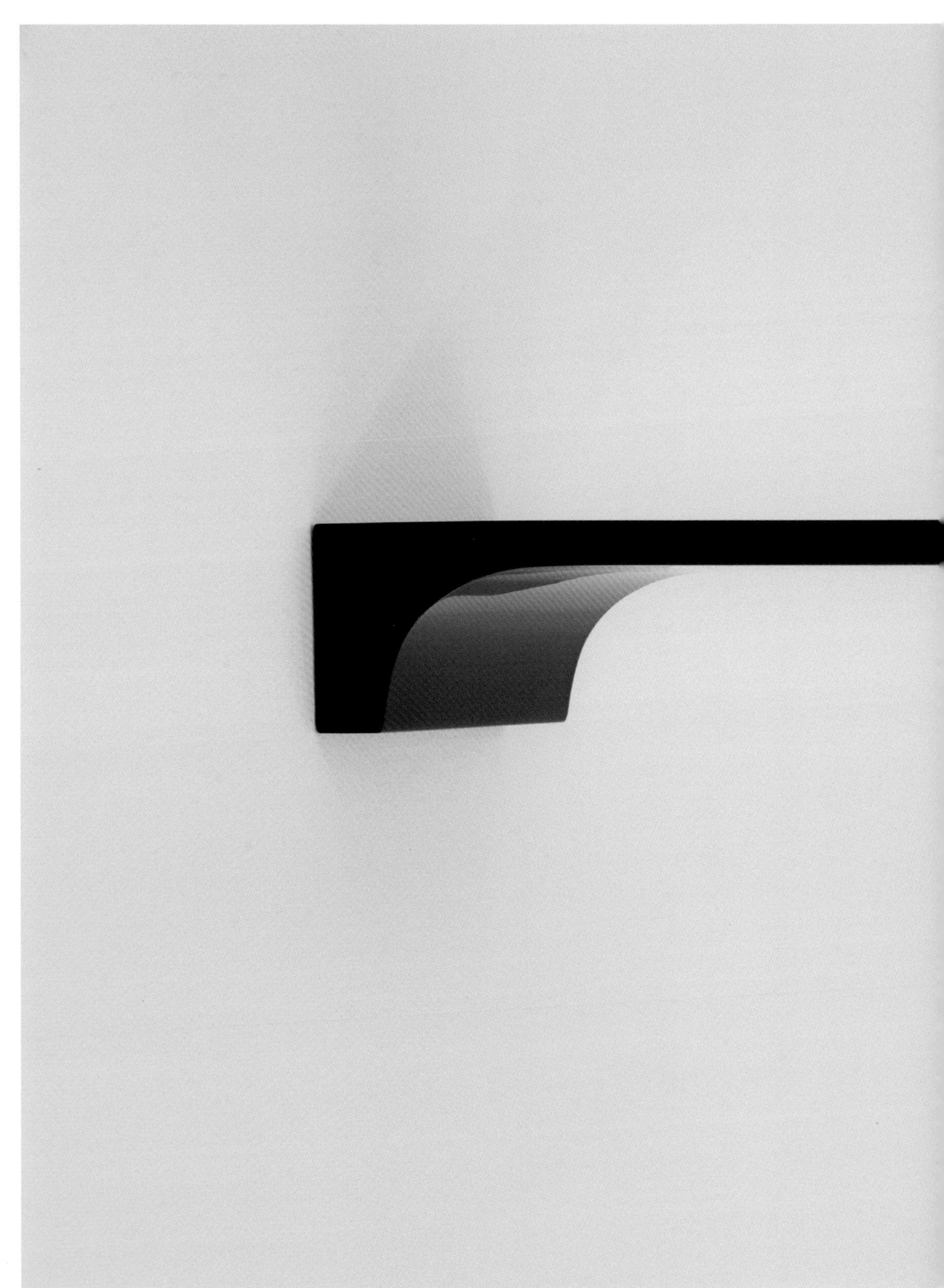

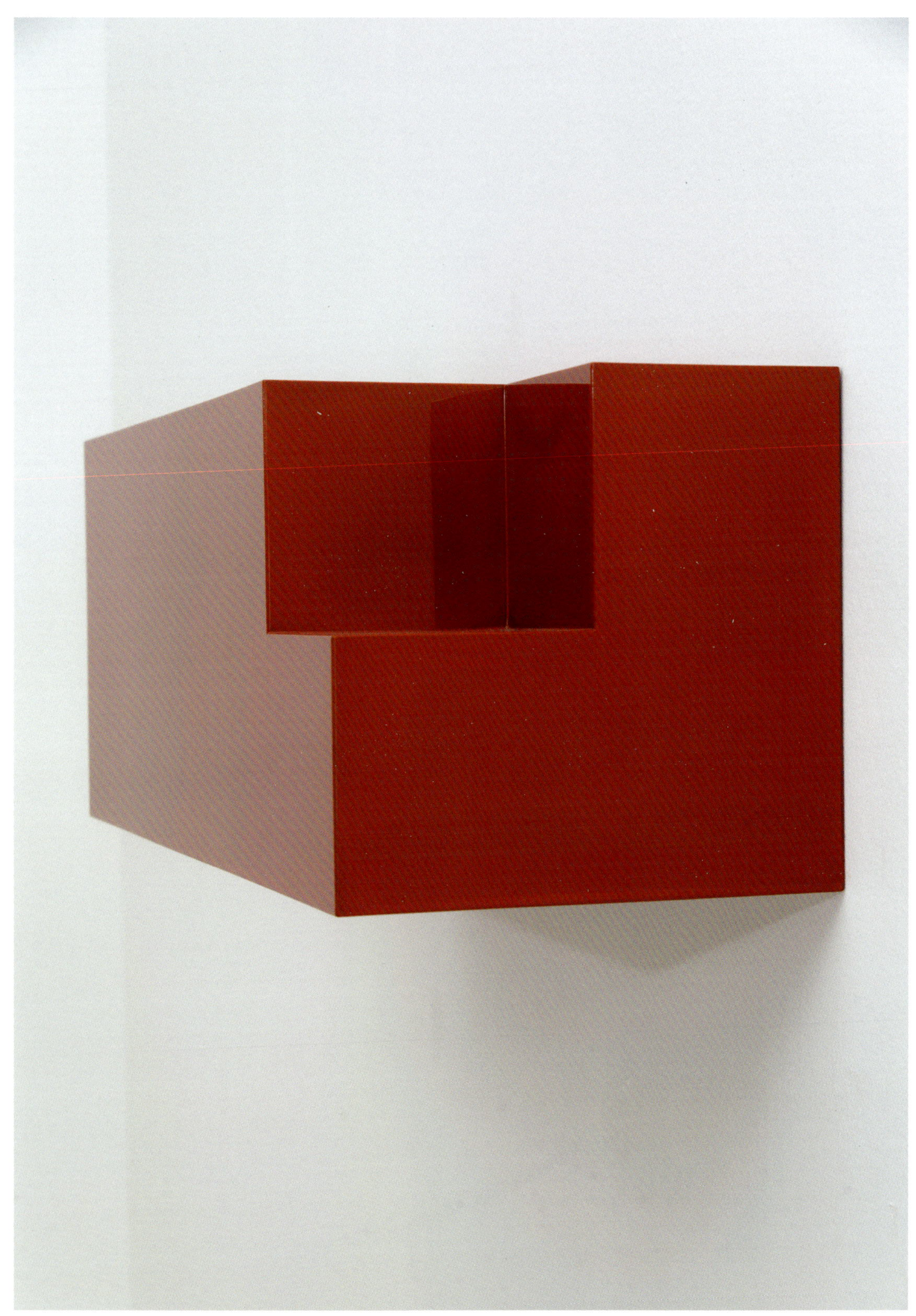

Farbe ist also unabdingbar mit dem Träger verbunden. So kommt dieser Idee sicherlich auch der Werkstoff entgegen, den Takeoka häufig nutzt, Corian. Er ist ein Kunststein, der äußerlich dem Marmor ähnelt, jedoch fugenlos verarbeitet werden kann und extrem langlebig ist. Anders als Marmor ist er in keiner Weise ‚besetzt' mit Geschichte, mit jahrhundertelangem Alter und Tradition. Er ist neutral, ‚modern', vollkommen unsentimental.

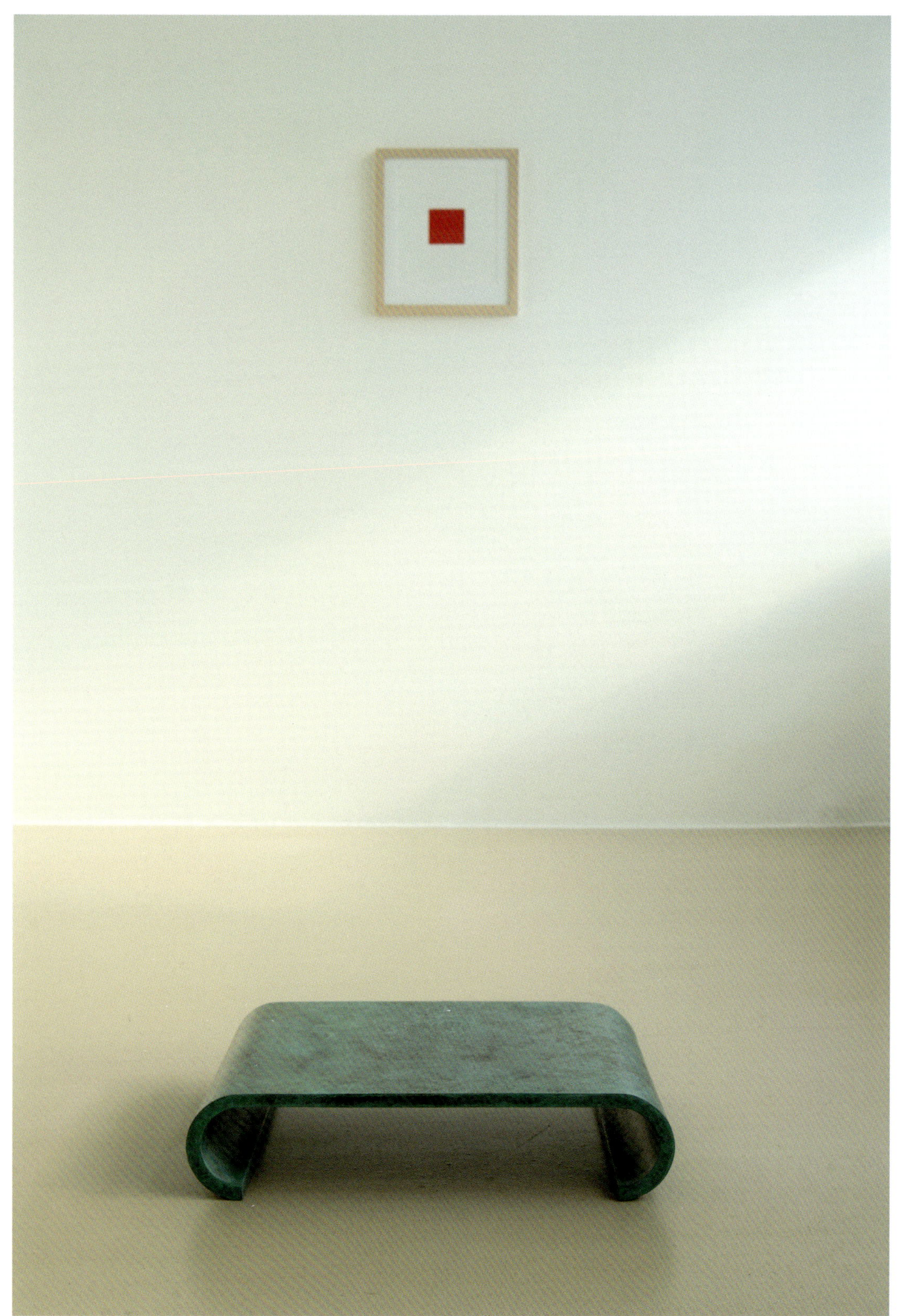

Eine weitere Qualität dieses Materials nutzt der Künstler: Es ist unbeschränkt bestimmbar in Form und Farbe, nimmt sich selbst zurück, passt sich somit kommentarlos und neutral der Idee des Künstlers an; das Material, durch und durch gefärbt, ‚ist' quasi selbst Farbe.
Ganz entgegengesetzt verhält sich dazu der von Takeoka ebenfalls genutzte Japanlack.
Er ist besetzt mit all seiner Geschichte und jahrhundertelangen Tradition. Gewonnen vom natürlichen Saft des Lackbaumes, in aufwendigstem Verfahren getrocknet und schließlich gefärbt, verkörpert er ostasiatisches Erbe.
Takeoka wählt die klassischen Farben Rot und Schwarz.

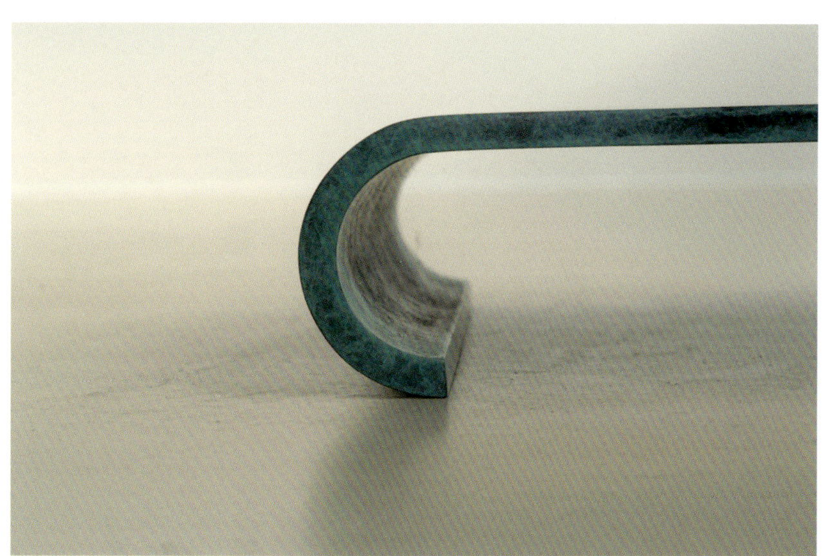

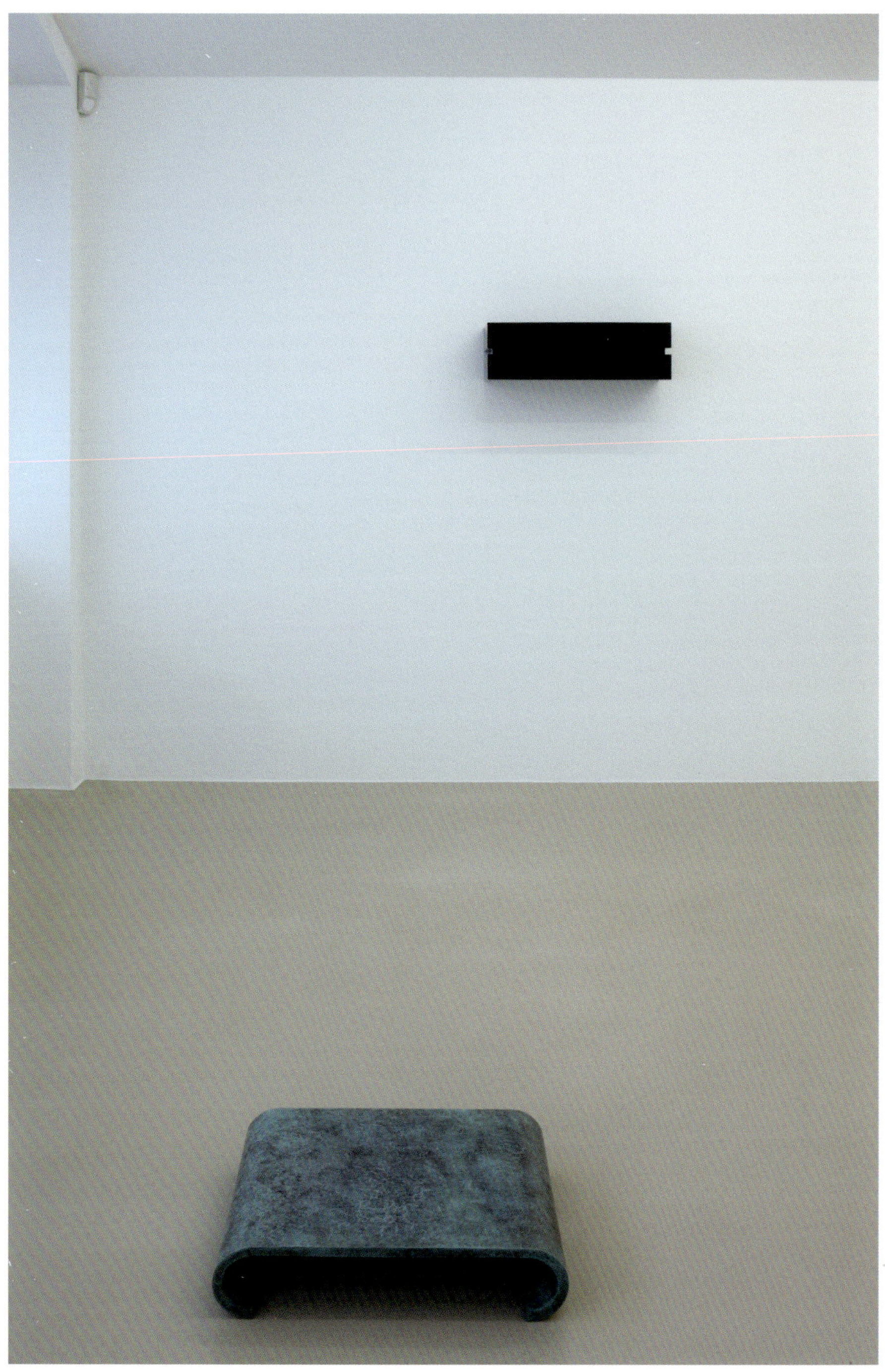

So liegen diesen beiden Werkgruppen, die materiell nicht unterschiedlicher sein könnten in ihrer Erscheinung, Anmutung und Idee zwei Momente inne: Ein Mal ist der Körper selbst durch und durch Farbe, das andere Mal ist der Körper, nämlich Holz, nicht sichtbar, die Farbe ist allein Oberfläche. Erst bei genauerem Hinsehen erfährt man den Unterschied der nur augenscheinlich ähnlichen Materialien.
Der Lack besticht durch höchste Brillanz, die es dem Raum erlaubt, sich in ihm zu spiegeln, er scheint den Umraum einzufangen, ohne selbst Anteil an ihm zu nehmen oder von seiner Souveränität auch nur das Geringste abzugeben.
Die Wandarbeit *Schnabel* (2011, Holz, Japanlack, Edition 4/7, S. 22/23), deren Titel wie so oft mit dem Augenzwinkern des Künstlers zu erklären ist, brilliert in einem sehr tiefen Schwarz, das Respekt erwartet.
In der Arbeit *Slash* (2000, Kunststein, S. 39) aus einer Serie, die sich mit Programmierzeichen beschäftigt, ist der rote Schrägstrich geborgen in dem Material, eins mit ihm geworden. Hier dominiert der matte Schein der Oberfläche. Das Bild, der Schrägstrich, seine lineare Form und der damit verbundene Inhalt stehen im Vordergrund. Takeoka geht mit beiden Materialien ‚gerecht' und adäquat um.
Birgt das eine die Welt der Geschichte in sich und steht für sich selbst, aufrecht und stolz, kann ihm selbst der gespiegelte Raum nichts anhaben. So ist das andere neutral, künstlich und geschichtslos und darf durch seine ihm inneliegenden Zeichen, Bilder oder Formen Geschichten erzählen.

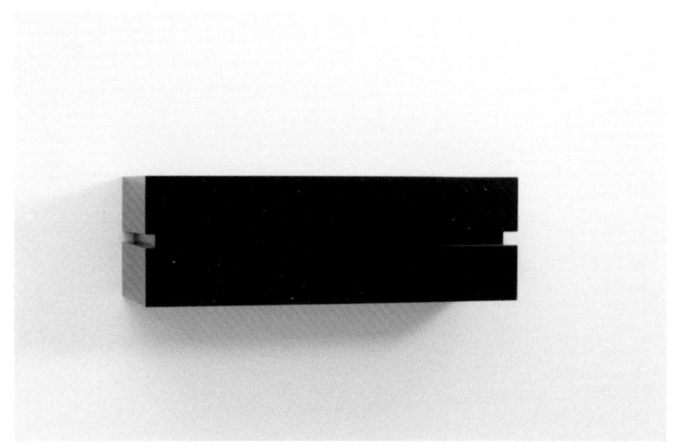

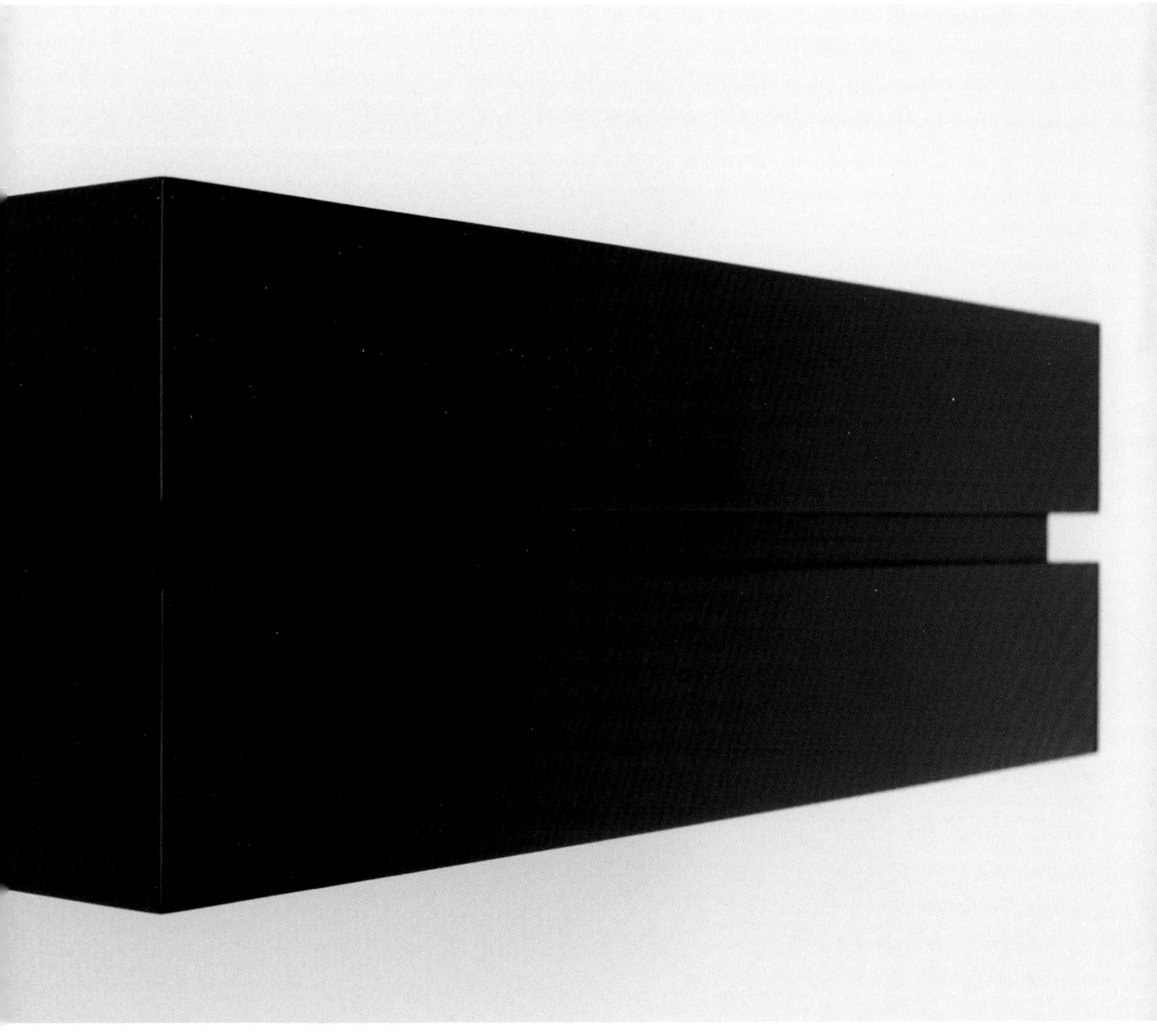

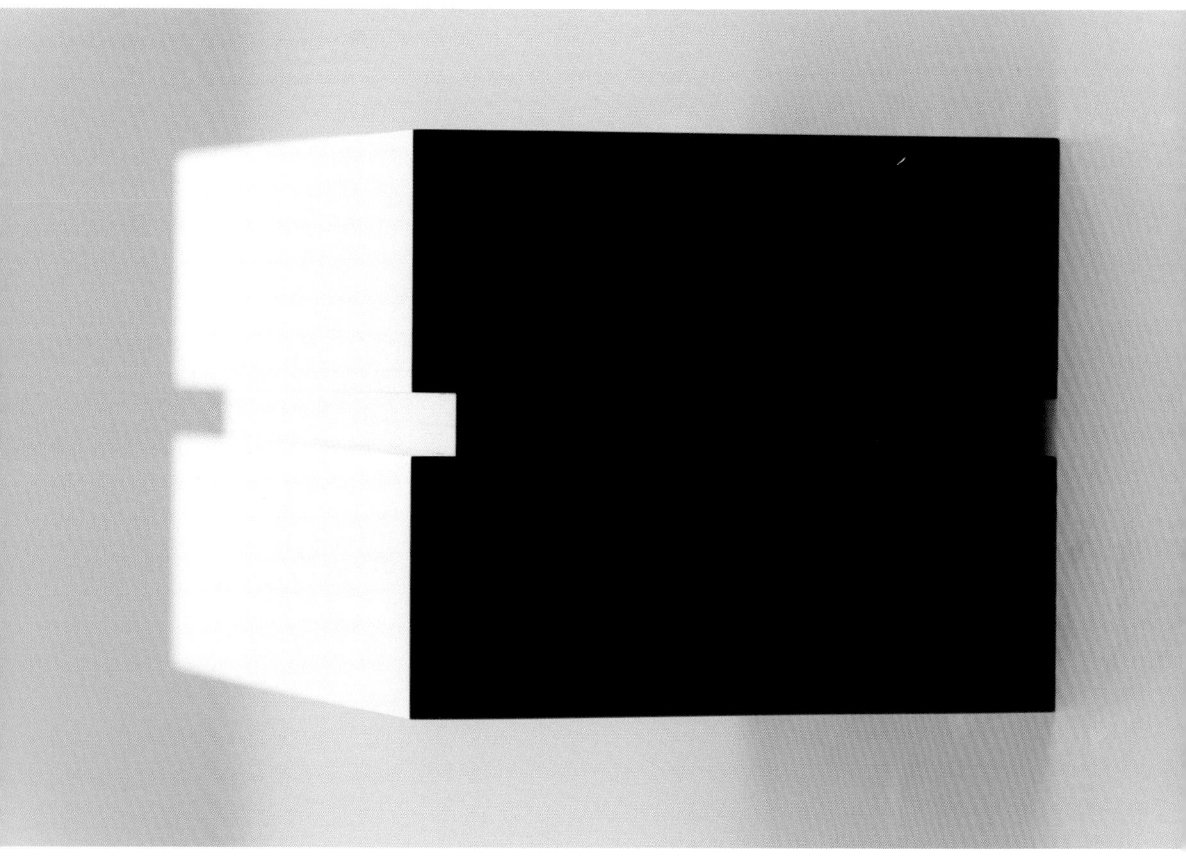

Masterly and Dignified

Ulrike Schick

Silence: everywhere there is a silence, but not an emptiness, that characterizes Yuji Takeoka's spaces and sites. Completely independently of their composition, dispersion, or color, we withdraw, pause, become quiet. Whether the works are matte or glossy, small or large, bright or in a reduced palette, freestanding or on the wall—the viewers are thrown back on themselves.

A recurring aspect of his oeuvre is the pedestal. It functions to elevate an object. Putting something on a pedestal, a base, means liberating it from being one thing among many and placing it in the foreground. Here, however, the pedestal itself is elevated. It obtains a new function, not to serve but to depict itself; it stands in the middle. Just as color can be itself in the material, the pedestal stands for itself. It can swallow up space and give it back, capture the viewer or its surroundings, thereby intensifying or defining the dimensions of the place.

1 "An Interview with Yuji Takeoka and Minoru Shimizu," trans. Heather Eastes and Stephen Reader, in *Ein leeres Dazwischen*, exh. cat. (Düsseldorf: Kunstverein für die Rheinlande und Westfalen, 2000), pp. 46–54, esp. pp. 48–50.

Independently of its composition, whether made of Corian (p. 7) or bronze (p. 26), it lives from its color. Takeoka has said of the color of his works: "For me, color in itself is fairly secondary. [...] In a certain sense, I want to change the surface quality of a Thing, and I make the conscious choice of a particular color. [...] I see the problem of the color as that of the surface. The choice of color is a little paradoxical. I don't ask myself 'why this and that color?' but 'why not this and that?' The choice of color merges from complex relationship to material, surface and context. Colors are not chosen for the appearance of being green or blue, the way they should manifest is designated by the material—gloss yellow, plywood blue etc."[1]

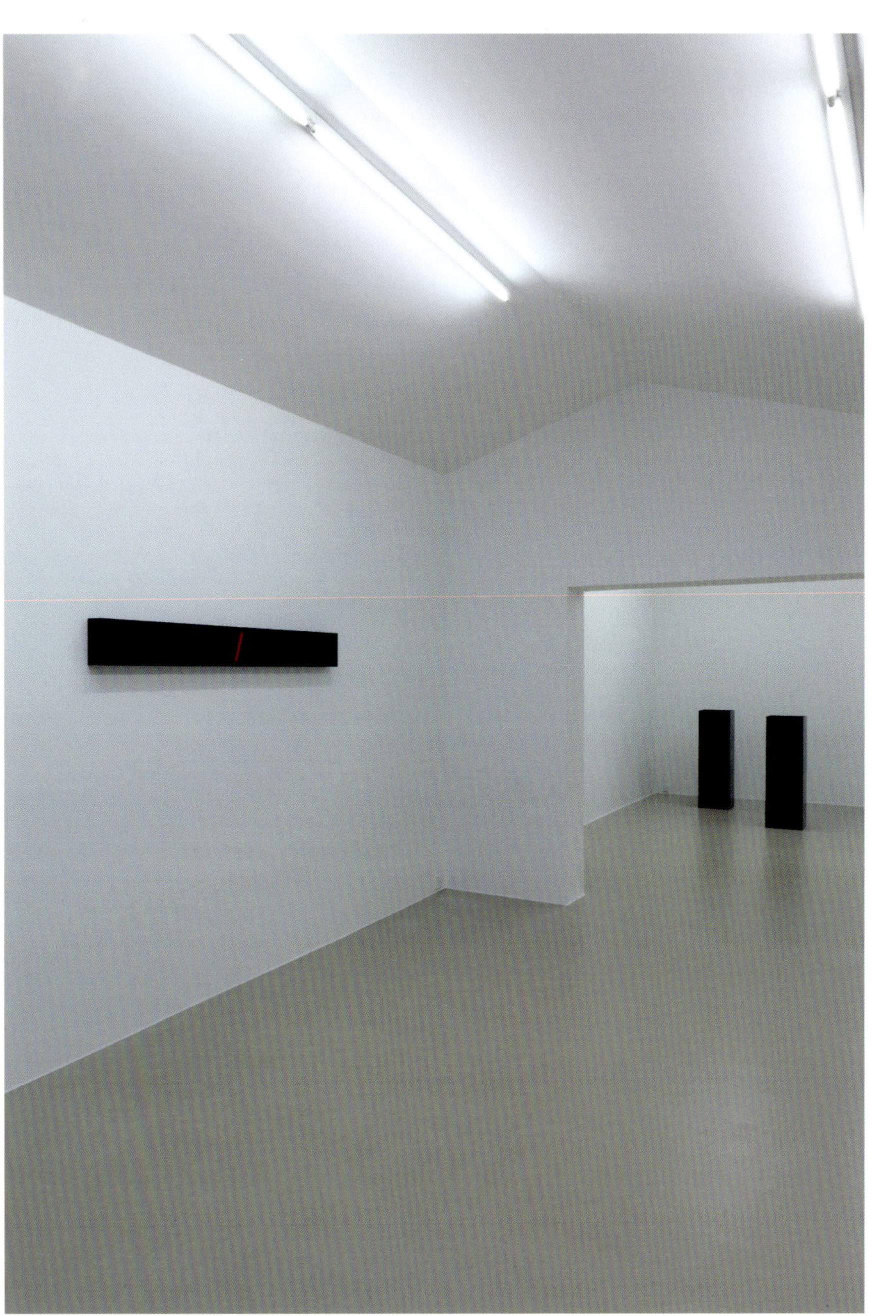

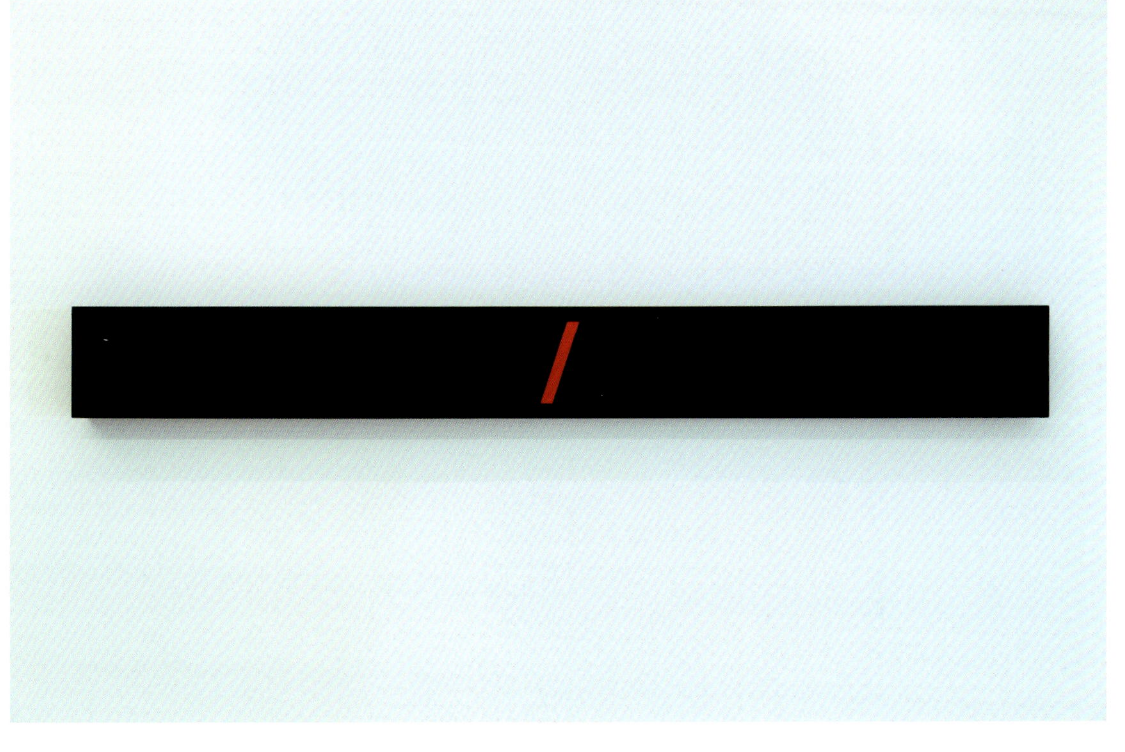

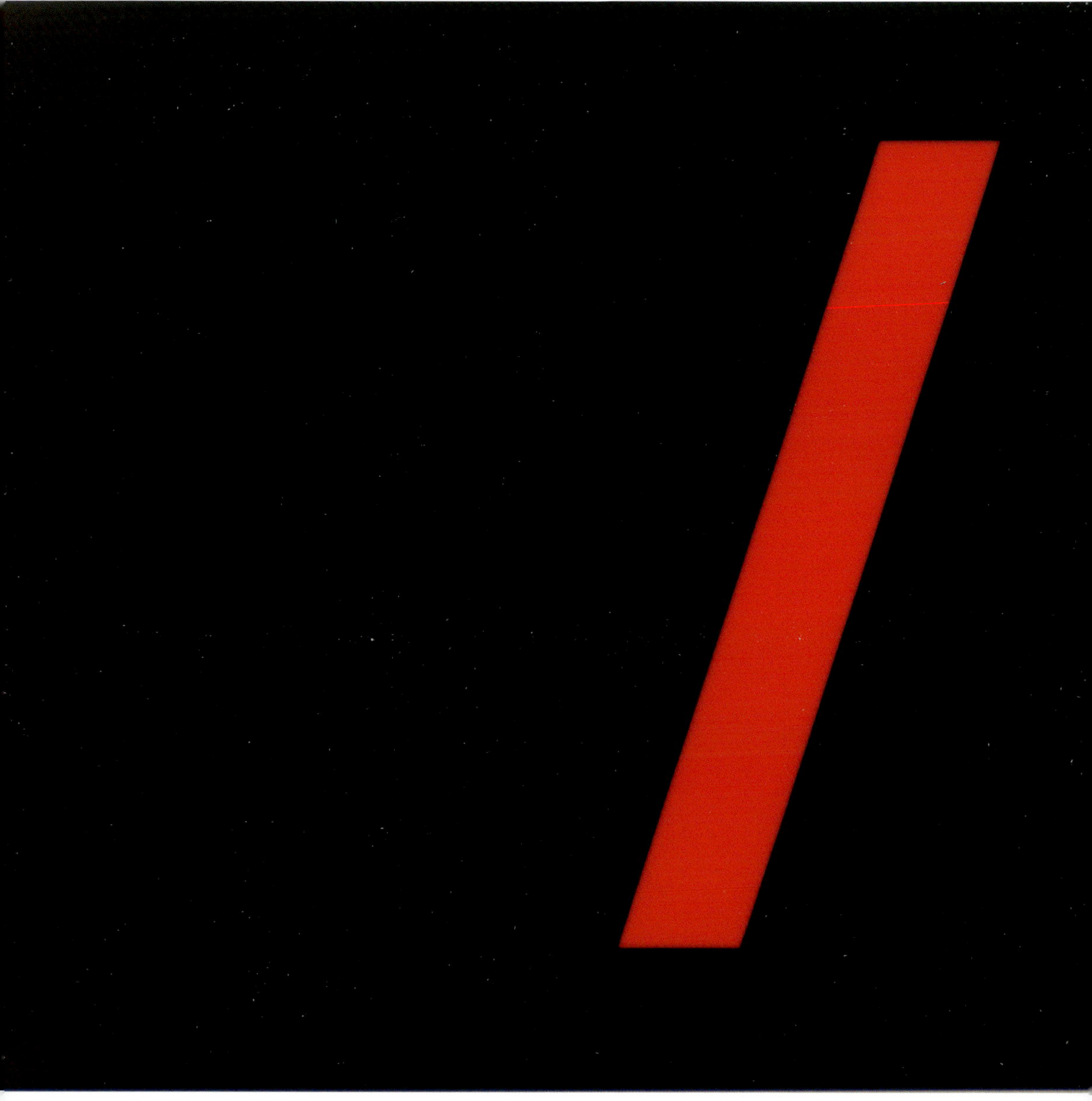

Color is thus inalienably linked with the support. Corian, the material Takeoka often uses, certainly suits that idea. It is an artificial stone that has an outward resemblance to marble but it can be worked without the use of joints and has an extremely long life. Unlike marble, it is in no way "burdened" by history, by centuries of age and tradition. It is neutral, "modern," and completely unsentimental. The artist exploits another quality of this material: there are no restrictions on its form or color; it withdraws, adapts itself neutrally and without commentary to the artist's idea; the material, colored through and through, "is" in essence itself color.

The Japanese lacquer Takeoka also employs behaves in exactly the opposite way. It is heavy with all its history and centuries of tradition. Derived from the natural resin of the Lacquer Tree, dried out in an elaborate process, and finally colored, it embodies the East Asian legacy. Takeoka chooses the classic colors, red and black.

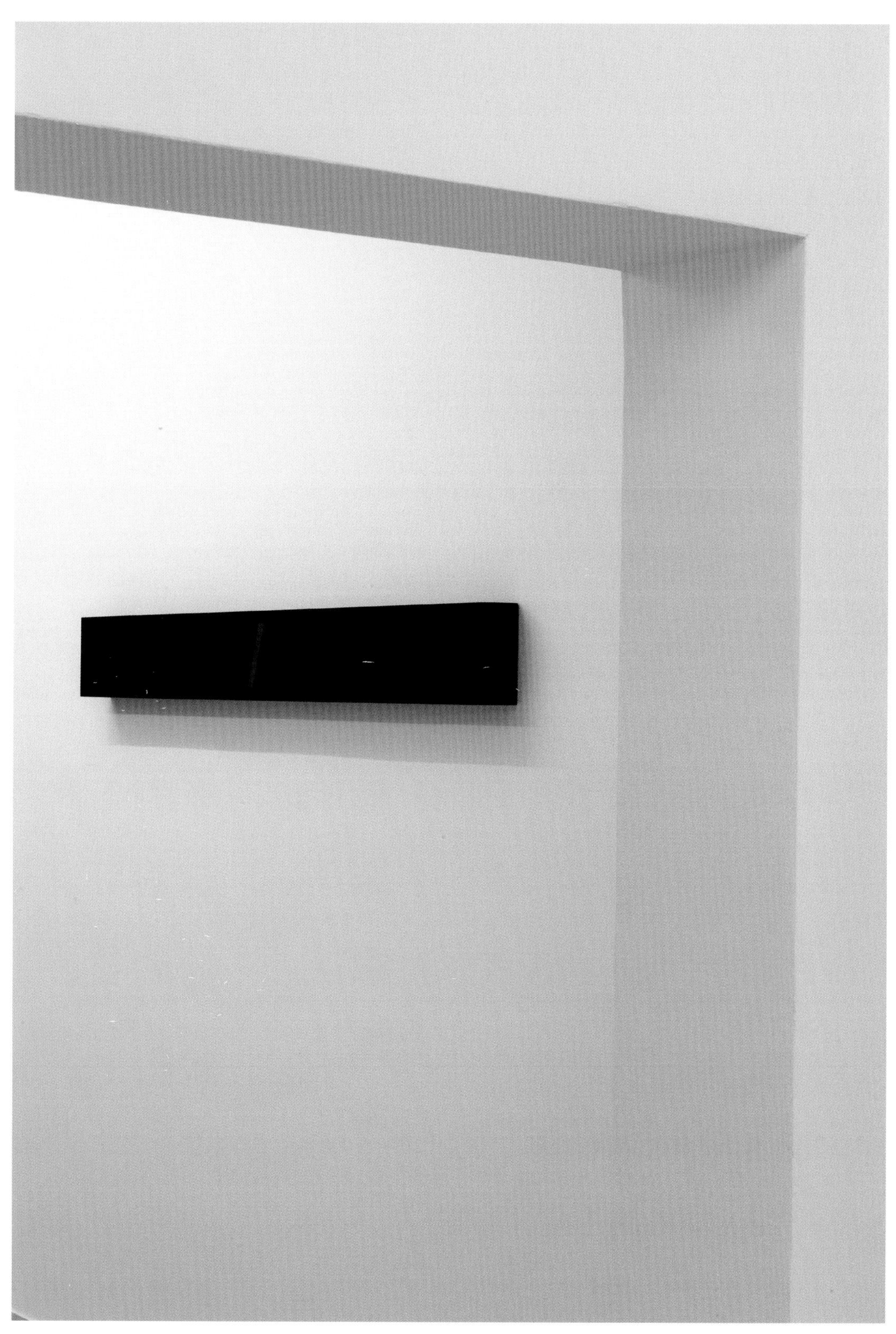

So both groups of works, which could not be more different materially in their look, feeling, and idea, have two aspects: in one case, the body itself is color through and through; in the other case, the body, namely wood, is not visible; the color is all surface. Only on closer inspection do we learn the difference between the apparently similar materials.
The lacquer is captivating because of its great brilliance, which allows the room to be reflected in it; it seems to capture its surroundings without taking part in them or sacrificing its sovereignty in the least.

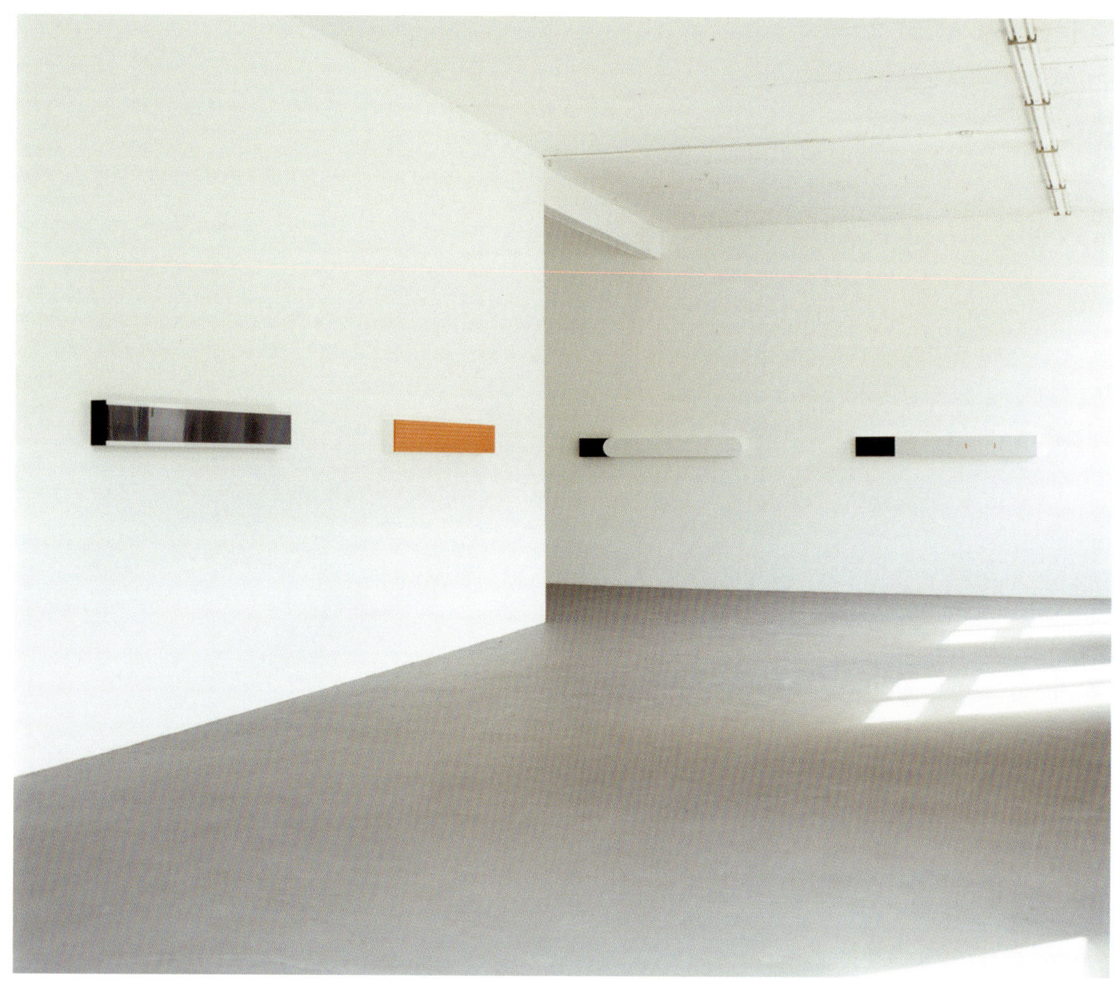

The wall work *Schnabel* (Beak, 2011, wood and Japanese lacquer, edition 4/7, p. 22/23), whose title, as so often, can be explained by the artist's irony, shines in a very deep black that demands respect.
In *Slash* (2000, artificial stone, p. 39), part of a series concerned with programming symbols, the red slash is hidden in the material; it has become one with it. Here the matte sheen of the surface dominates. The image, the slash, its linear form, and the associated content are foregrounded.
Takeoka does "justice" to both materials and handles them appropriately. The one conceals the world of history within itself and always stands for itself, upright and proud, and the mirrored room can have nothing on it. The other is neutral, artificial, and unburdened by history, and can tell stories by means of the signs, images, or forms lying within it.

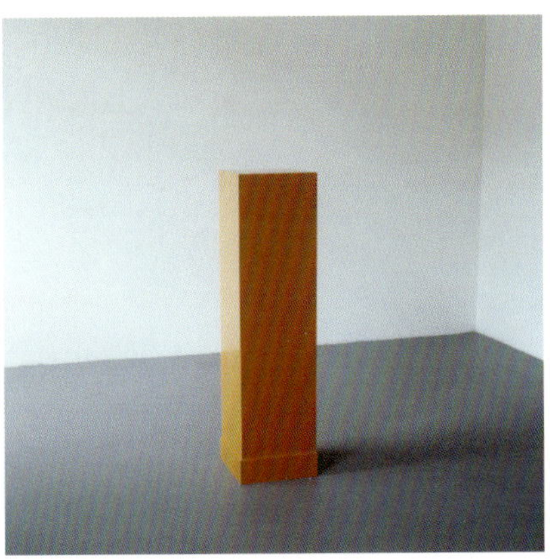

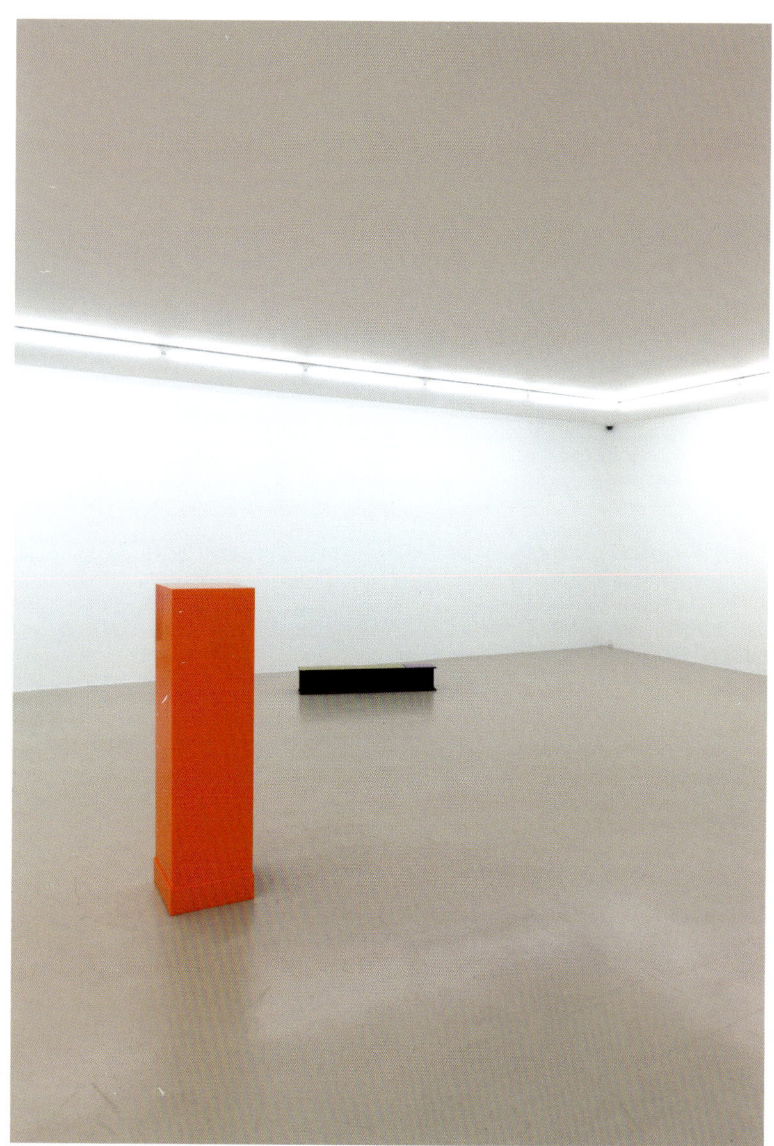

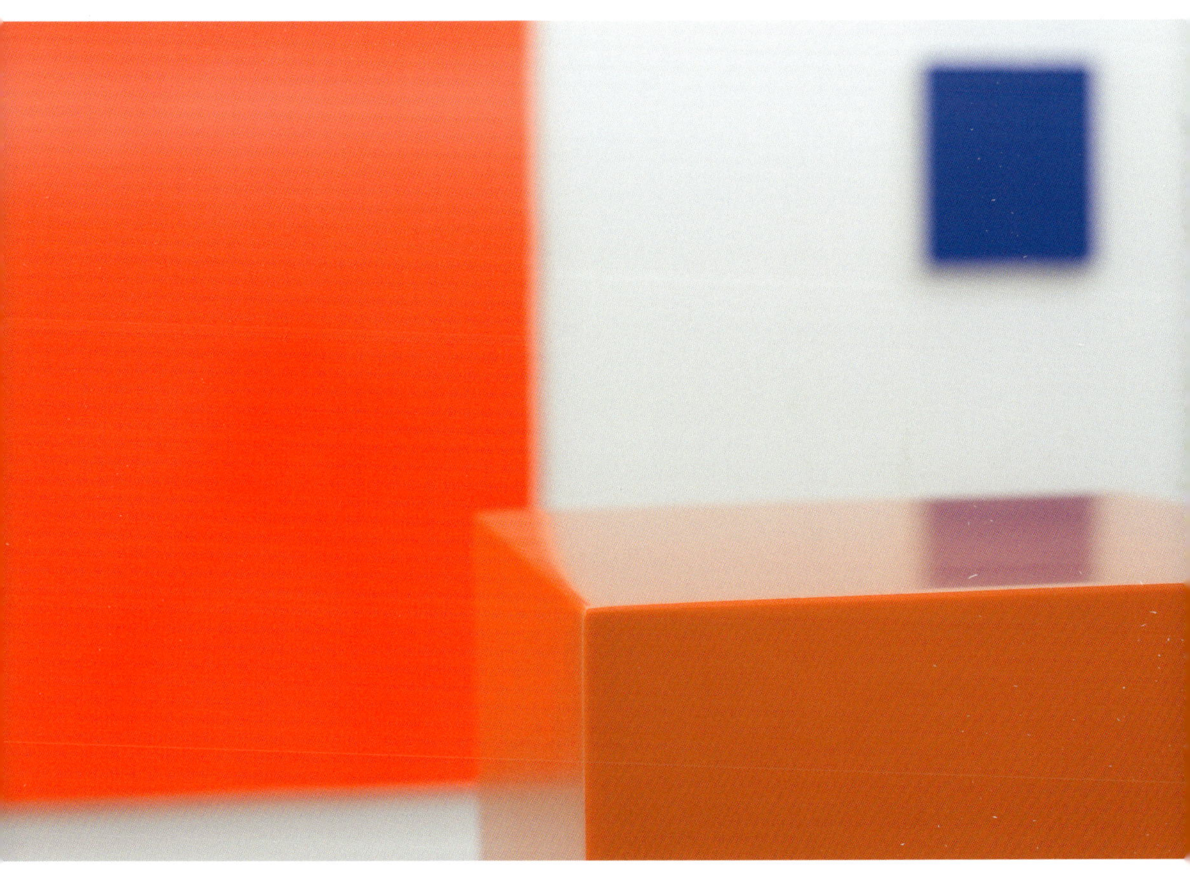

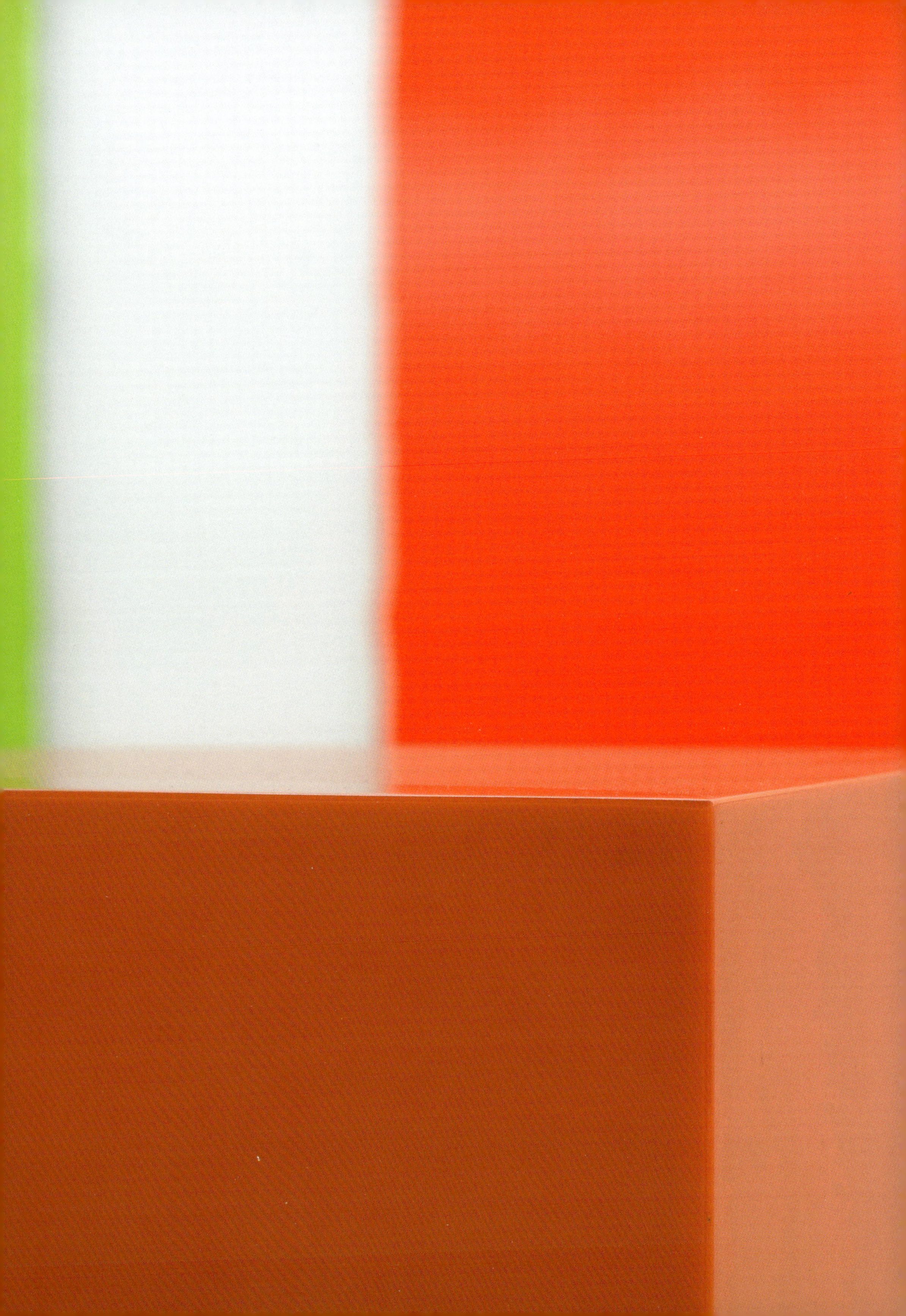

Werner Haypeter

Süß wie Honig, die Schwierige

Ulrike Schick

Einst schrieb Derek Jarman: „Gelb ist eine schwierige Farbe, vergänglich wie die Mimose, die ihren Blütenstaub abwirft, wenn die Sonne untergeht.“

Gelb spielt in den Werken Werner Haypeters, in Objekten wie Zeichnungen, eine außerordentliche Rolle. Es kann strahlen, ohne laut zu sein, ist milde und doch von enormer Präsenz in seinem Miteinander von durchsichtigem Glas oder Plexiglas, neutralfarbigem Holz oder glänzend kaltgrauem Stahl. Dieses Gelb scheint mal eins mit dem Licht, mutet an wie eingefangene Sonnenstrahlen in zähfließendem Honig (*ohne Titel*, 2011, MDF, Sand, Stahl, Sedimentiergefäße, Weißglasscheibe, Epoxidharz, S. 69) oder leuchtet im Dunkel durch die fluoreszierende Farbigkeit (*Meter/8.10.2012*, 2012, 39,8 x 100 x 3 cm, Installation/Maße variabel, Epoxidharz, Acrylfarbe, fluoreszierende Farbe, Trägerholz, 20 Stahlstifte, S. 62). Dieses Gelb kann sich aber auch zum Dunkeln bewegen, wenn es die Farbigkeit von MDF (Objekt, Auflage 6, hier Nr. 2, 2011, 41,6 x 41,6 cm, MDF geölt, 44,2 x 4,9 cm, Breite variabel, S. S.70, 72/73)) beschreibt.
Licht kann in Haypeters Arbeiten Nähe und Entfernung meinen. Licht kann auch in einer noch so dunklen Farbe wie Schwarz oder einem tiefen Blau scheinen. Licht fängt sich und durchdringt eine Glasscheibe (S. 69); es veranschaulicht Dimensionen, zeigt in seinen grauen Verschattungen das Hinten und Vorne, Abstand oder Nähe.
Haypeters Arbeiten liegen meist strenge mathematische Berechnungen zugrunde. Dennoch sind sie weit entfernt von einer reinen Deklination wissenschaftlicher Erkenntnisse.

1 Derek Jarman, *Chroma. Ein Buch der Farben*, Berlin 1995, S. 121.

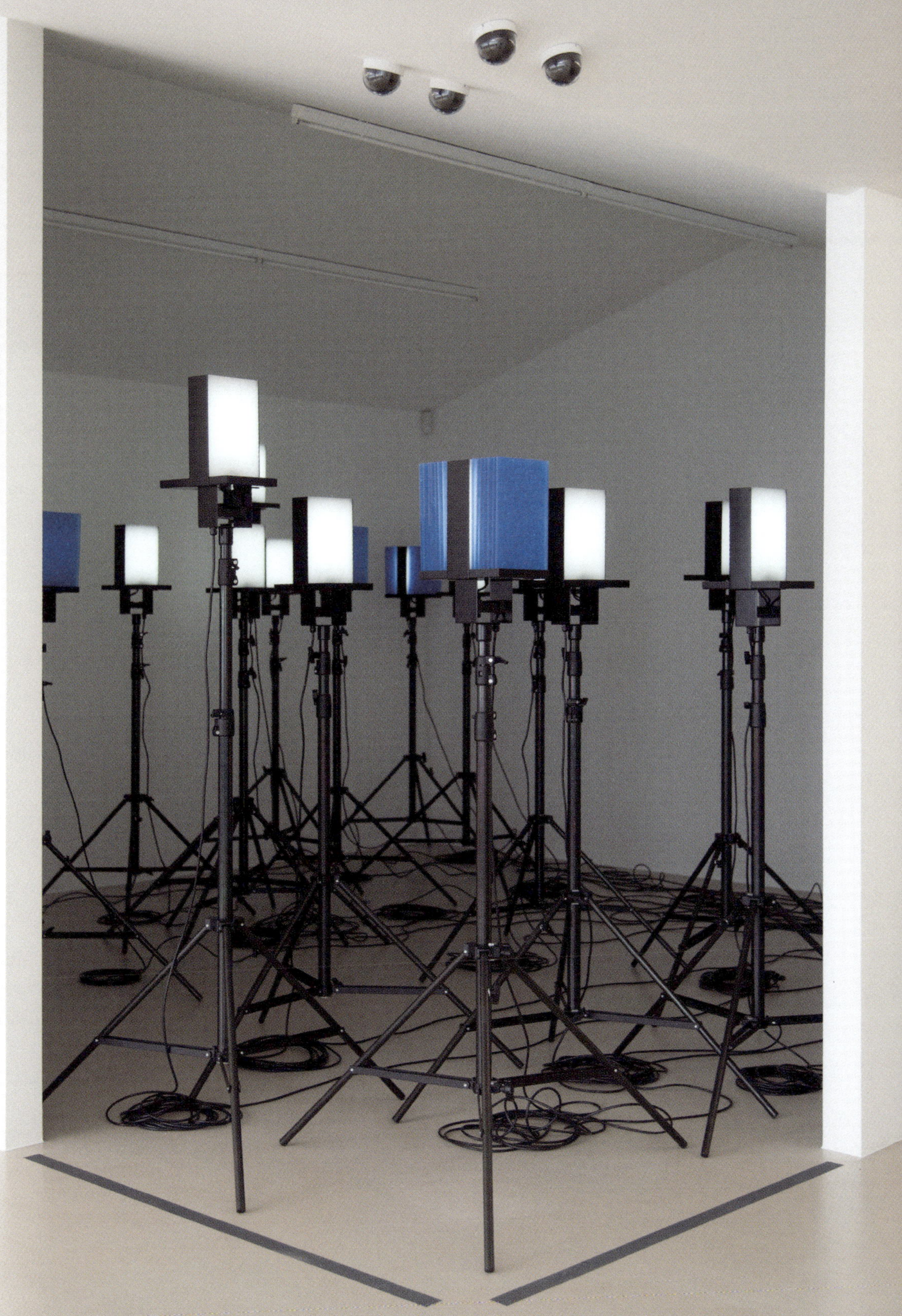

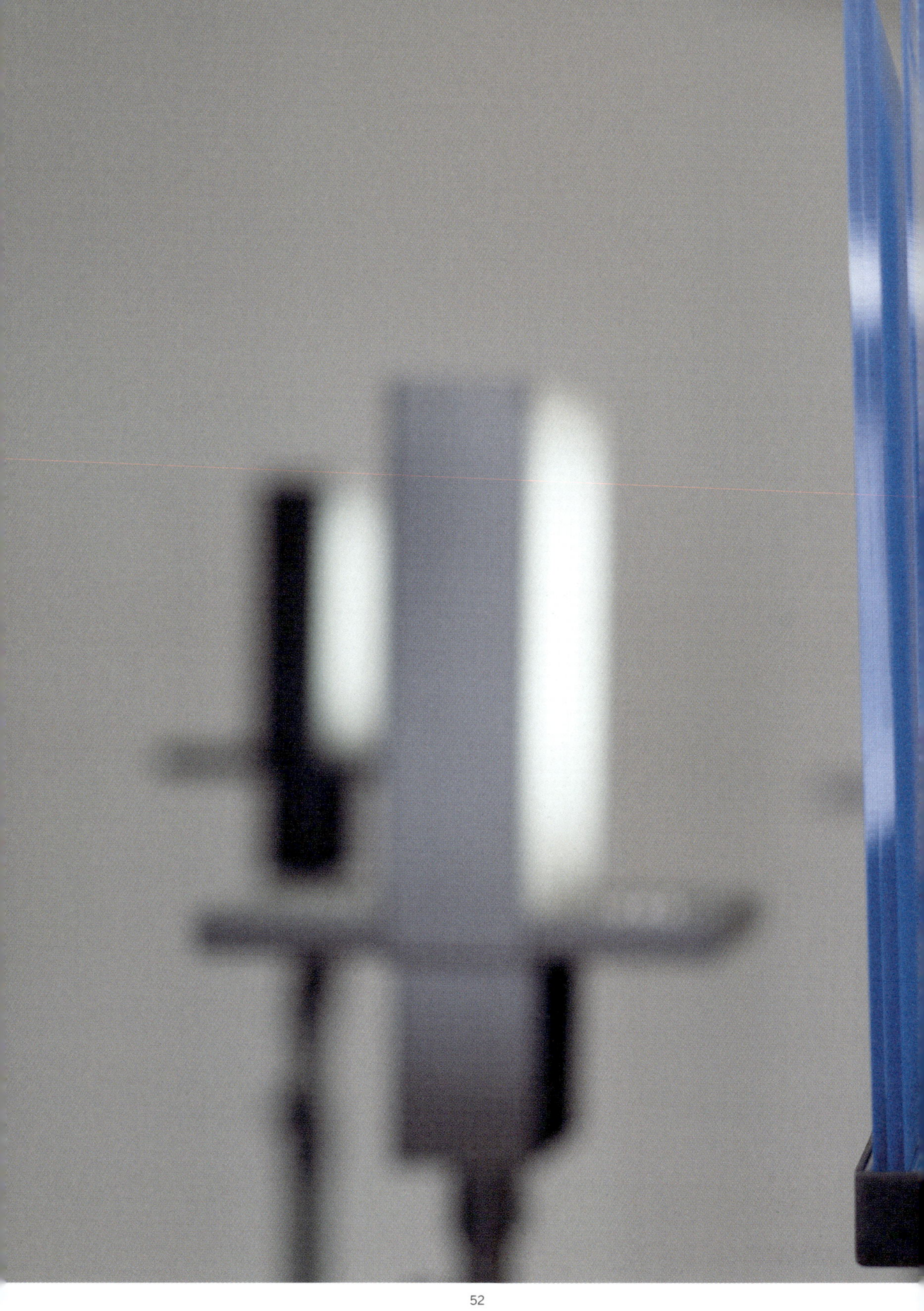

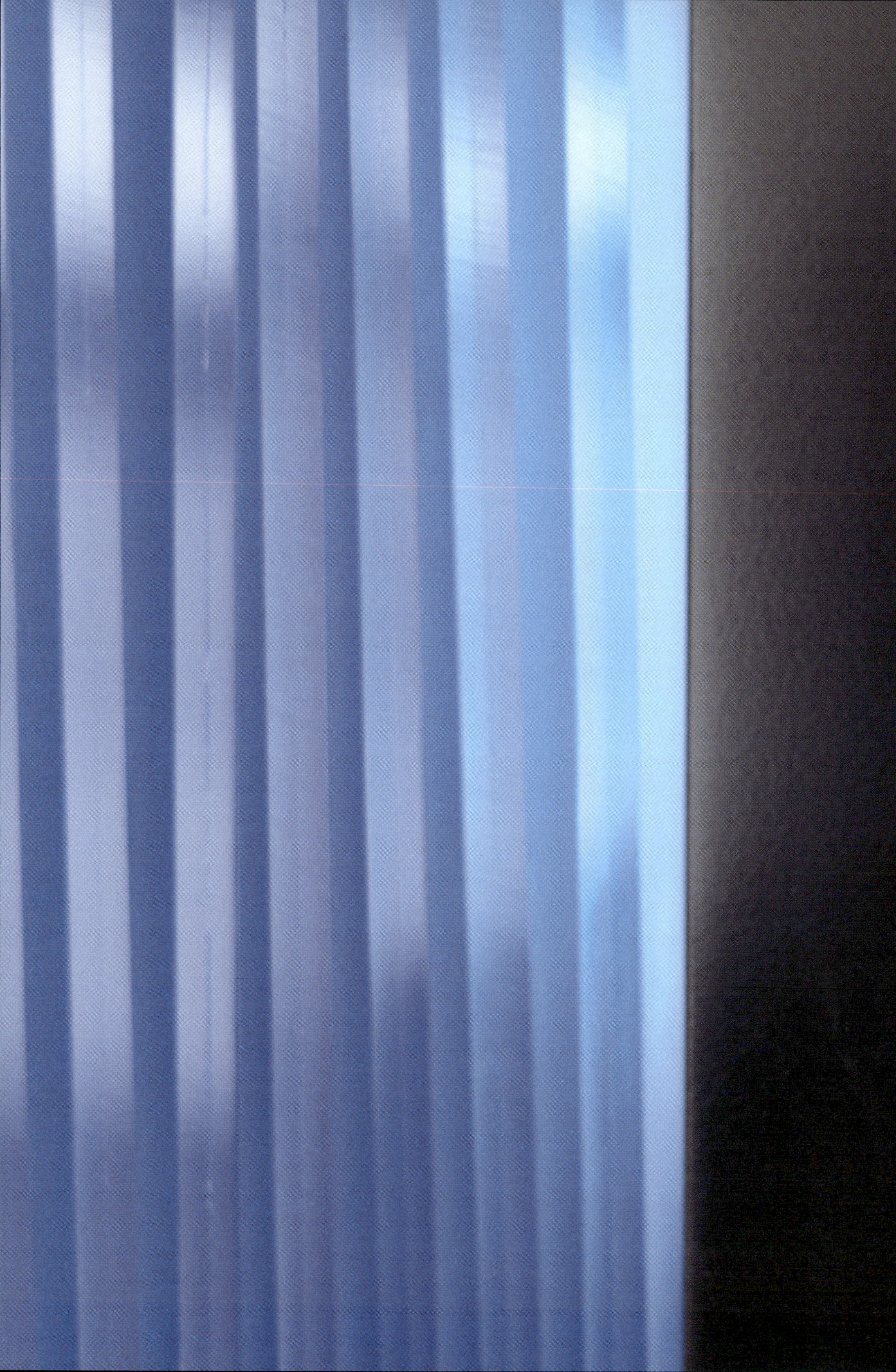

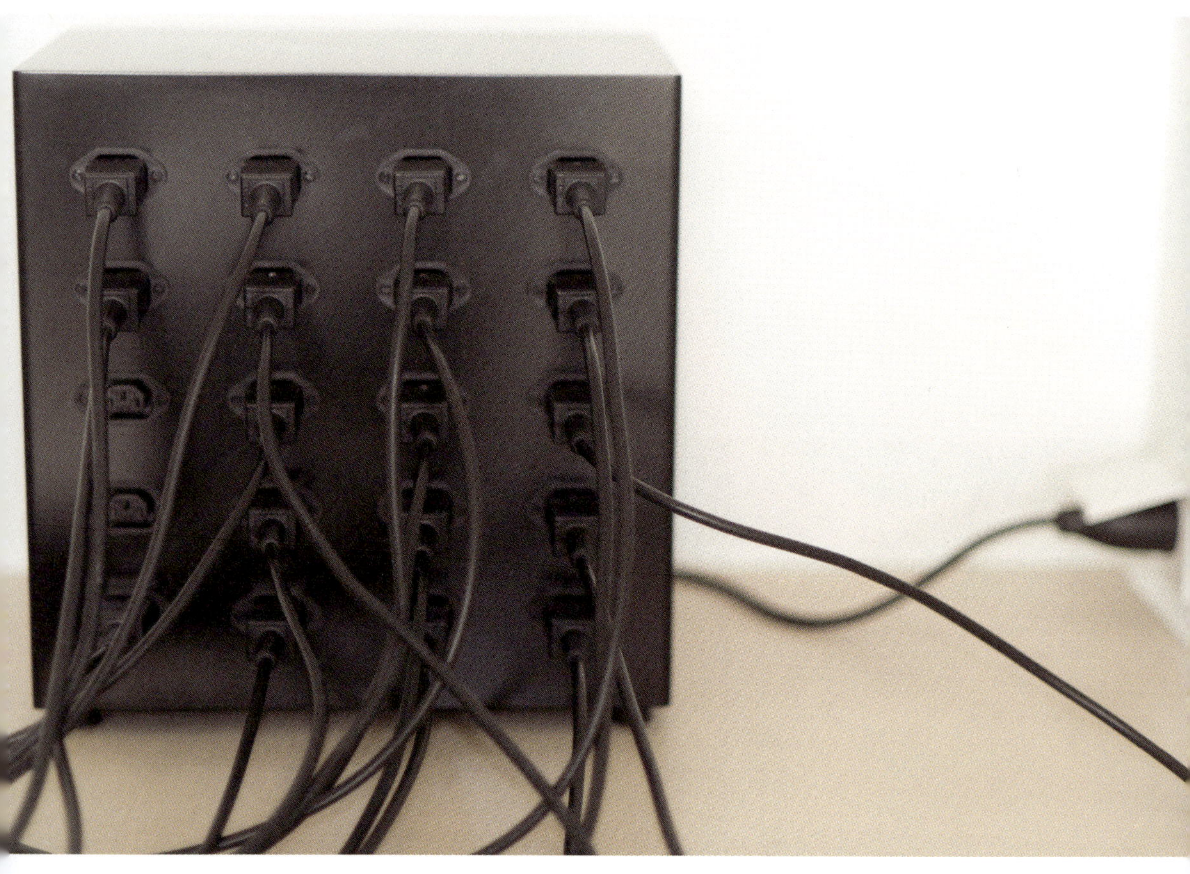

Im Angesicht seiner Arbeiten, seien es Wand- oder Raumobjekte oder Zeichnungen, spürt man immer die Idee eines Bildes, einer malerisch sich ausbreitenden Farbigkeit. Seine Werke atmen ästhetische Brillanz, Schönheit und Harmonie, denen Kalkül zugrunde liegen mag, die sich aber jeder Frage nach ‚Berechenbarkeit' entziehen. Haypeters Farben bergen und beschreiben Licht. In doppelter Hinsicht umgesetzt findet sich das in seiner Installation *Lichtfeld* (2003/2013, Stahl, Leuchtstoffröhren, Epoxidharz, Acrylglas, Acrylfarbe, Elektrokabel, S. 51).
Wie eine große Familie stehen Leuchtkörper inmitten eines Raumes, je nach Anmutung und Beschaffenheit des Ortes, nah beieinander oder weitverzweigt. Es herrscht kein Chaos, Leitungen und Schnüre, industriell anmutende Träger aus Stahl und all deren Linien und Verzweigungen treten in ihrer gestalterischen Selbstständigkeit optisch zurück. Ihre Köpfe sind mal rein und weiß, mal staffeln sich blaue Epoxidharzplatten in unterschiedlicher Anzahl vor den Leuchtstoffröhren.

Mit der Zahl dieser farbigen Platten wird die Tonigkeit der Lichtfarbe bewusst gestaltet. Einmal sind die ‚Lichtmale' hochgewachsen, mal von kleiner Statur. Licht ist nicht nur Leuchtquelle, dient nicht nur der Funktion, etwas anzustrahlen und zu ‚erheben', sondern wird durch seine Erscheinung zu einer sich selbst inszenierenden, selbstbewussten und markanten Persönlichkeit. In dieser Familie, die dem Betrachter geschlossen gegenübersteht, hat jeder Angehörige seine Individualität, in seinem Wuchs, seiner Farbigkeit und Gestalt. Alle blicken sie den Betrachter unmittelbar über jede Entfernung hinweg an, werden zu einem selbstbewussten Gegenüber, „Blicke mich an, ich halte Deinem Blick stand und antworte Dir", scheinen sie zu sagen.
Diese Haltung des Künstlers zu seinen Arbeiten findet sich in allen Werken. Respekt vor Farbe, Material und letztendlich seiner Erscheinung und vor dem Dialog mit dem Betrachter. [2]

2 Hier findet sich wie von selbst eine Verwandtschaft mit der Idee des Sockels bei Yuji Takeoka.

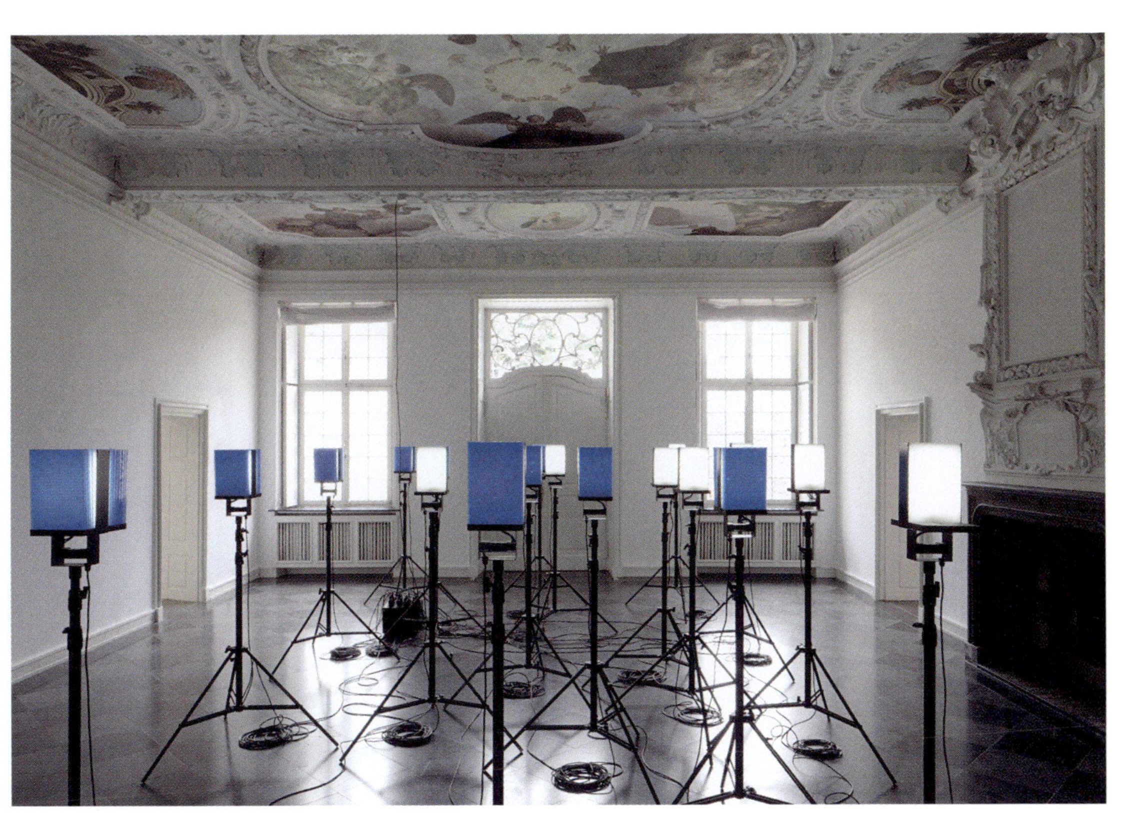

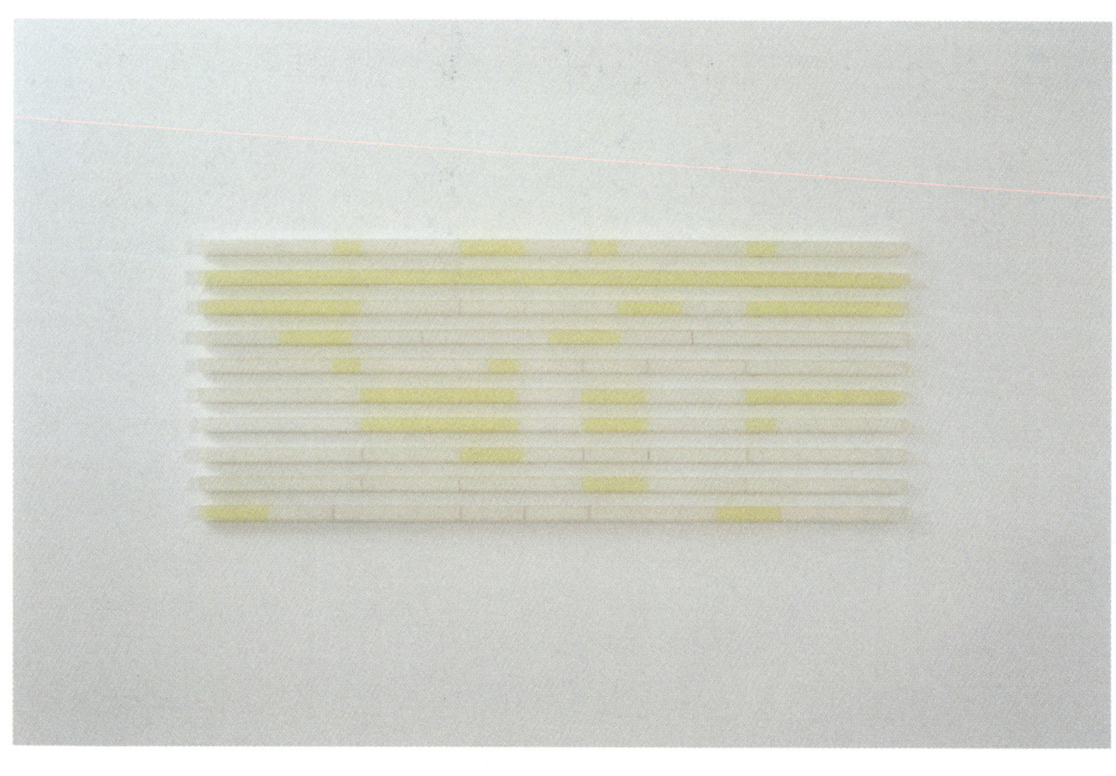

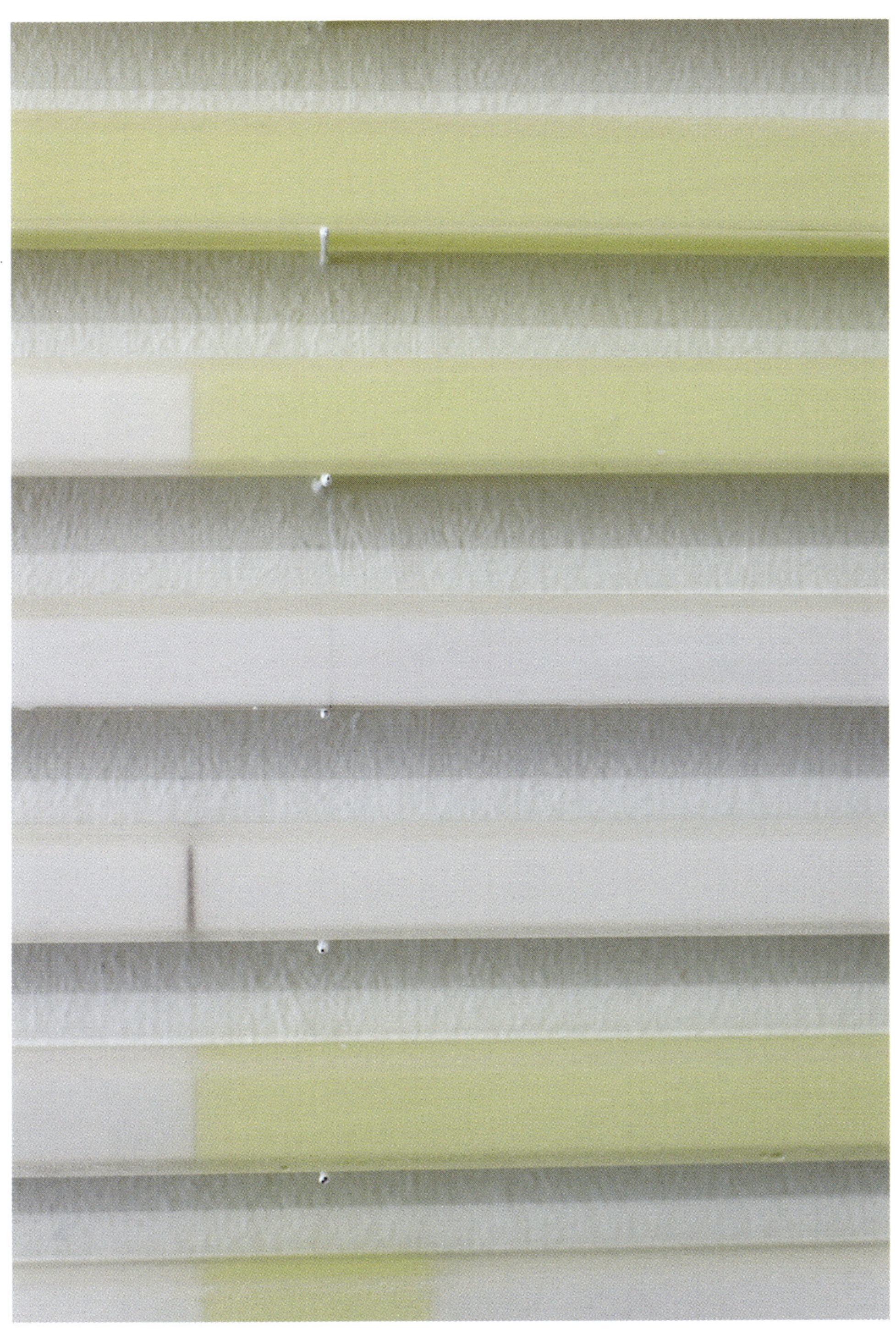

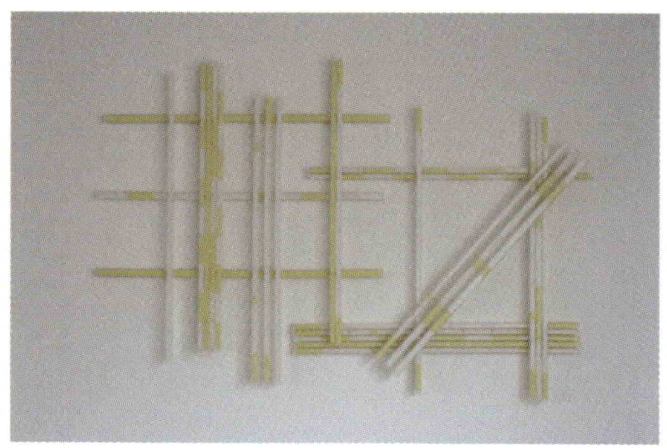

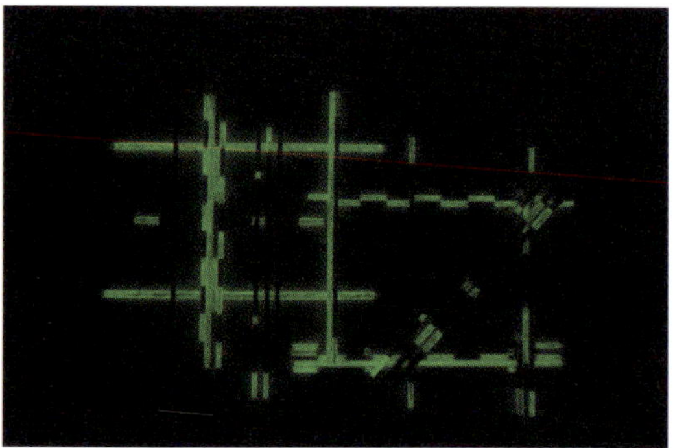

„Haypeters Bilder sind materialisierte, oft mehrteilige Gedankendepots, die ihre Bestandteile und ihre Konstruktionsstruktur in einem komplexen, von Werk zu Werk und von Ort zu Ort variierenden Prinzip des Verhüllens, Verschlüsselns und Offenlegens der Wahrnehmung aussetzen, die vom Betrachter im Akt des ‚produktiven Begleitens' [...] in ihrer Vielschichtigkeit und Veränderbarkeit erkannt und nachvollzogen werden können."[3] „Produktives Begleiten" als aktives Erforschen der Welt, als eine Auseinandersetzung, die körperliche und geistige Bewegung fordert. Nur dann ist Dialog in all seiner Vielschichtigkeit möglich; ein Dialog, der Raum und Zeit beinhaltet. Werner Haypeter erlaubt das Gespräch zwischen den Arbeiten und dem Betrachter. Eine Auseinandersetzung zwischen Hell und Dunkel, „Erfahrungen", die den Farben innezuliegen scheinen, werden spürbar, in äußerster Präsenz oder vornehmer Zurückhaltung definieren sie sich immer wieder neu.

3 Elisabeth Claus, „Von der Vorstellung zur Realität – Autonome Bilder als Gedankendepots", in: *Werner Haypeter*, Ausst.-Kat. Kunstverein Göttingen 1999, S. 8.

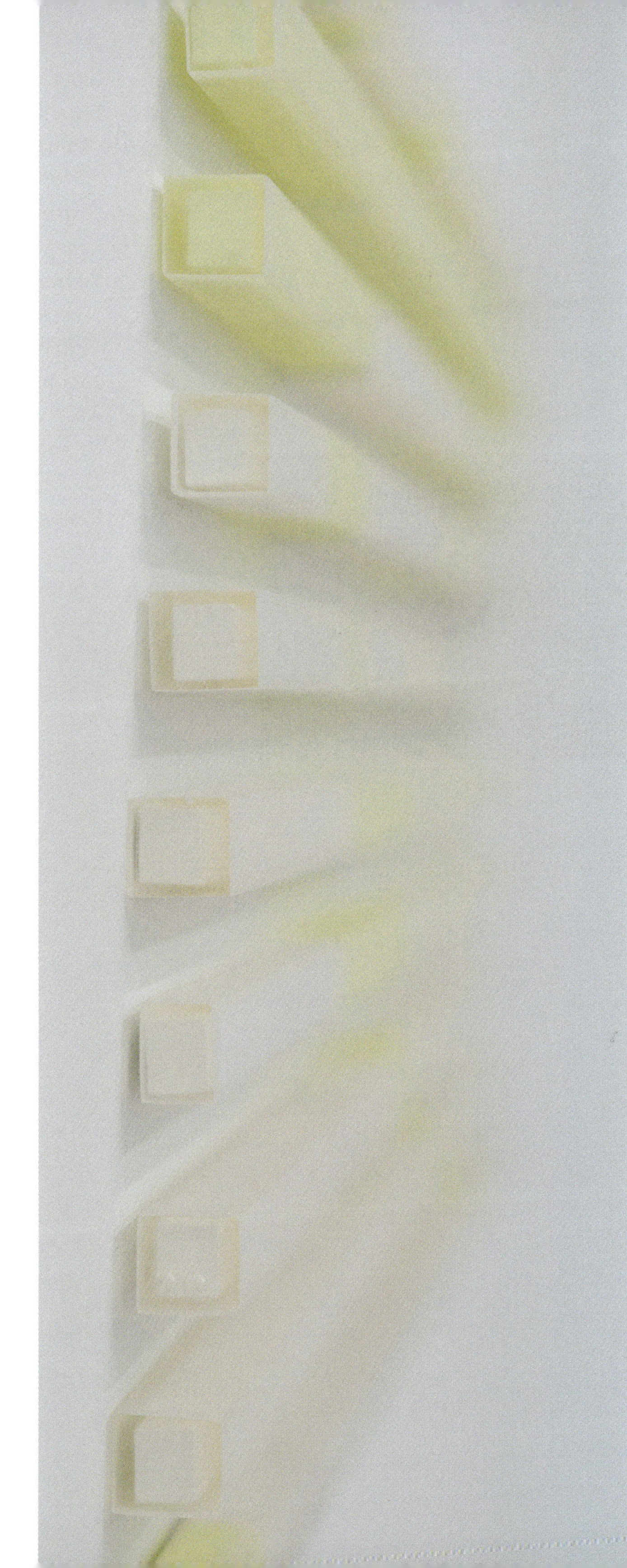

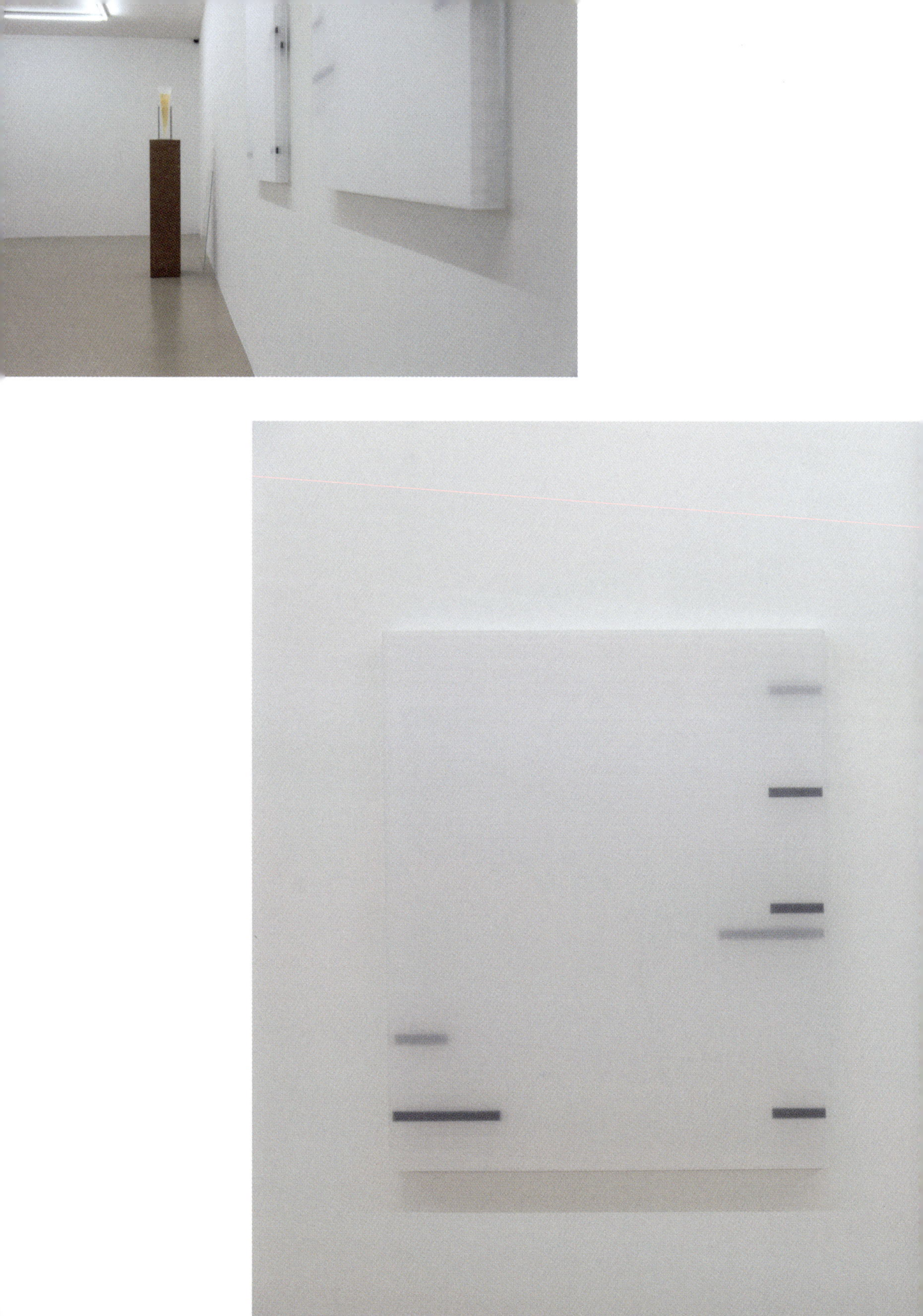

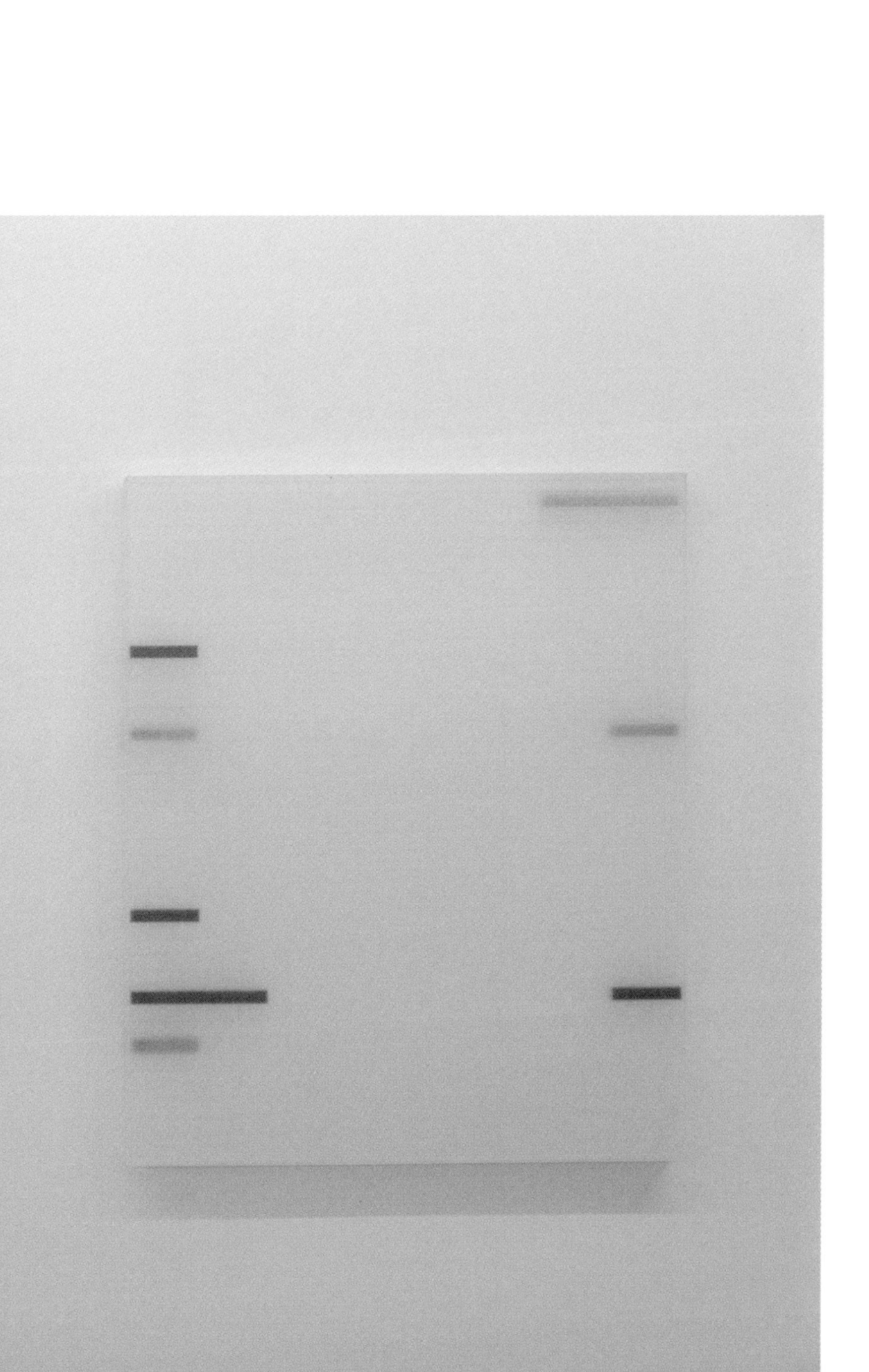

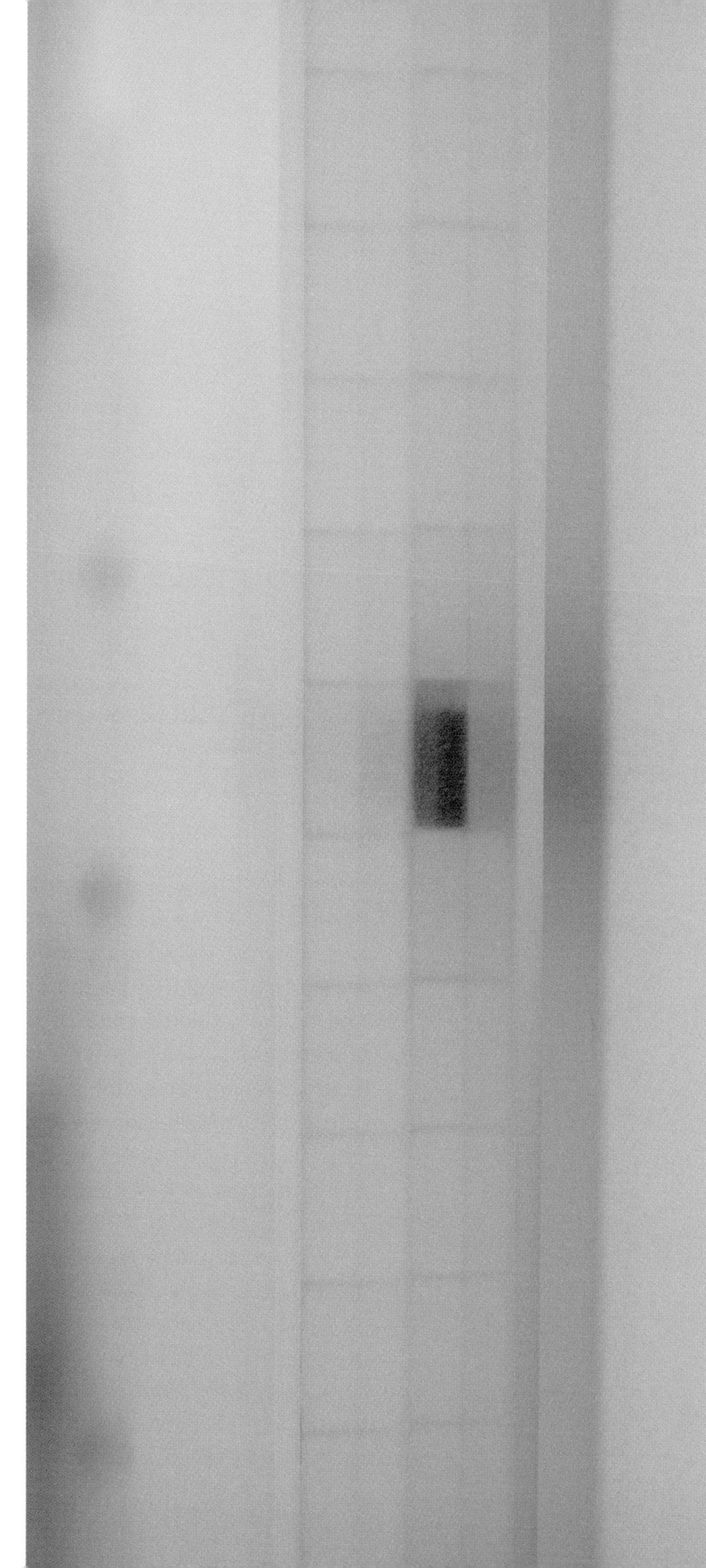

Sweet like Honey, the Difficult One

Ulrike Schick

"Yellow is a difficult color, fugitive as mimosa that sheds its dusty pollen as the sun sets."[1]
—Derek Jarman

1 Derek Jarman, *Chroma. A Book of Color* (Minneapolis: Univ. of Minnesota Press, 2010), p. 93.

Yellow plays an extraordinary role in the works of Werner Haypeter, both in his objects and drawings. The color can radiate without being loud; it is mild and yet has enormous presence in its combination of transparent glass or Plexiglas, neutrally colored wood, or cold-gray steel. Sometimes it seems to be one with the light, looking like sunbeams captured in viscous honey (*Untitled*, 2011, MDF, sand, steel, sediment vessels, panes of white glass, epoxy resin, p. 69), or it gleams in the dark thanks to florescent colors (*Meter/8.10.2012*, 2012, 39.8 × 100 × 3 cm, installation of variable dimensions, epoxy resin, acrylic paint, florescent paint, wood supports, 20 steel pins, p. 60). But this yellow can also move toward the dark, when it describes the palette of MDF (*41.6 × 41.6*, 2011, object, edition 2/6, oiled MDF, height: 44.2 cm, depth: 4.9 cm; width variable, pp. 70/72–73).

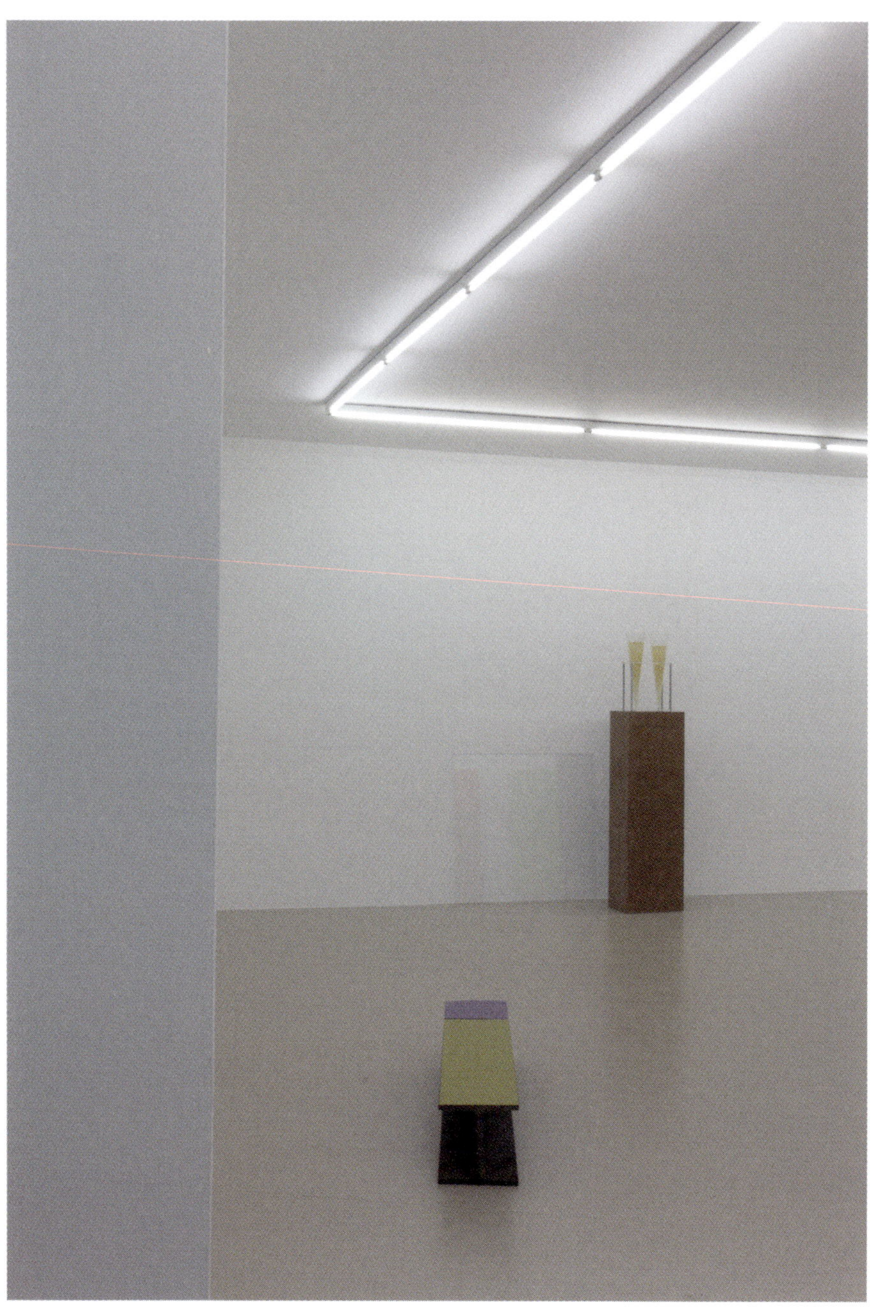

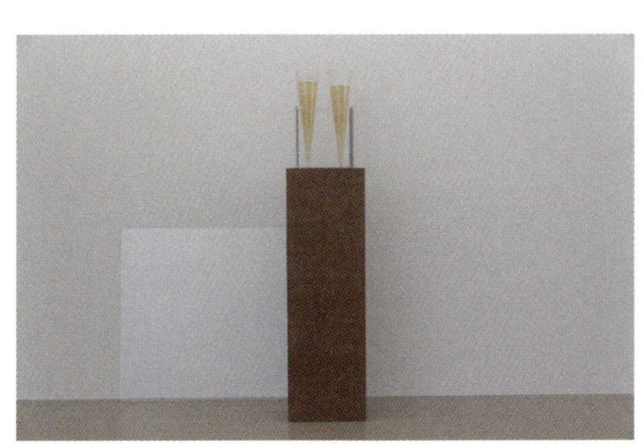

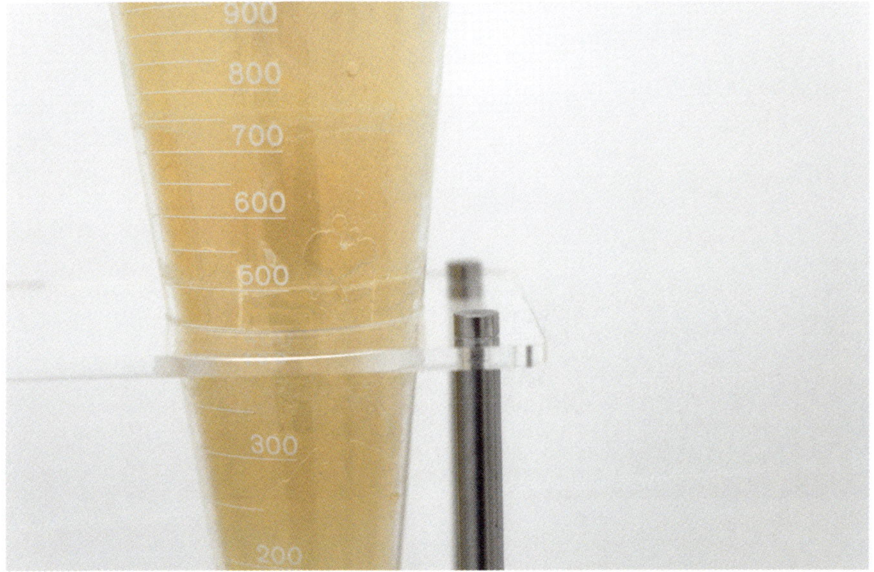
900
800
700
600
500
300
200

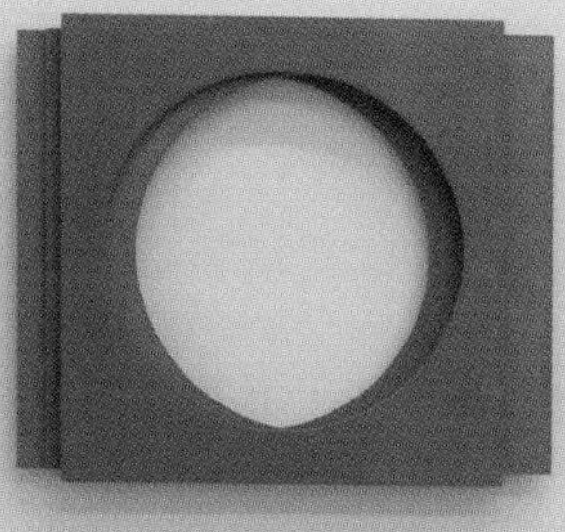

In Haypeter's works, light can mean closeness or distance. Light can also shine in a color as dark as black or deep blue. It is captured and penetrates a pane of glass (p. 69); it illustrates dimensions, as shadings of gray reveal the back and front, remoteness or proximity.
Haypeter's works are usually based on strict mathematical calculations. Nevertheless, they are far from any mere declination of scientific findings. Confronted with his works, whether wall or room objects or drawings, one always senses the idea of a picture, a palette that spreads out in a painterly way. The artist's works breathe aesthetic brilliance, beauty, and harmony, which may be based on calculation but escape any question of "calculability."
Haypeter's colors conceal and describe light. This is so in both respects in the installation *Lichtfeld* (Light field, 2003/13, steel, florescent tubes, epoxy resin, acrylic glass, acrylic painting, electrical cables, p. 51). Like one big family, the light sources stand in the middle of a room, either close together or far apart depending on the feeling and makeup of the place.

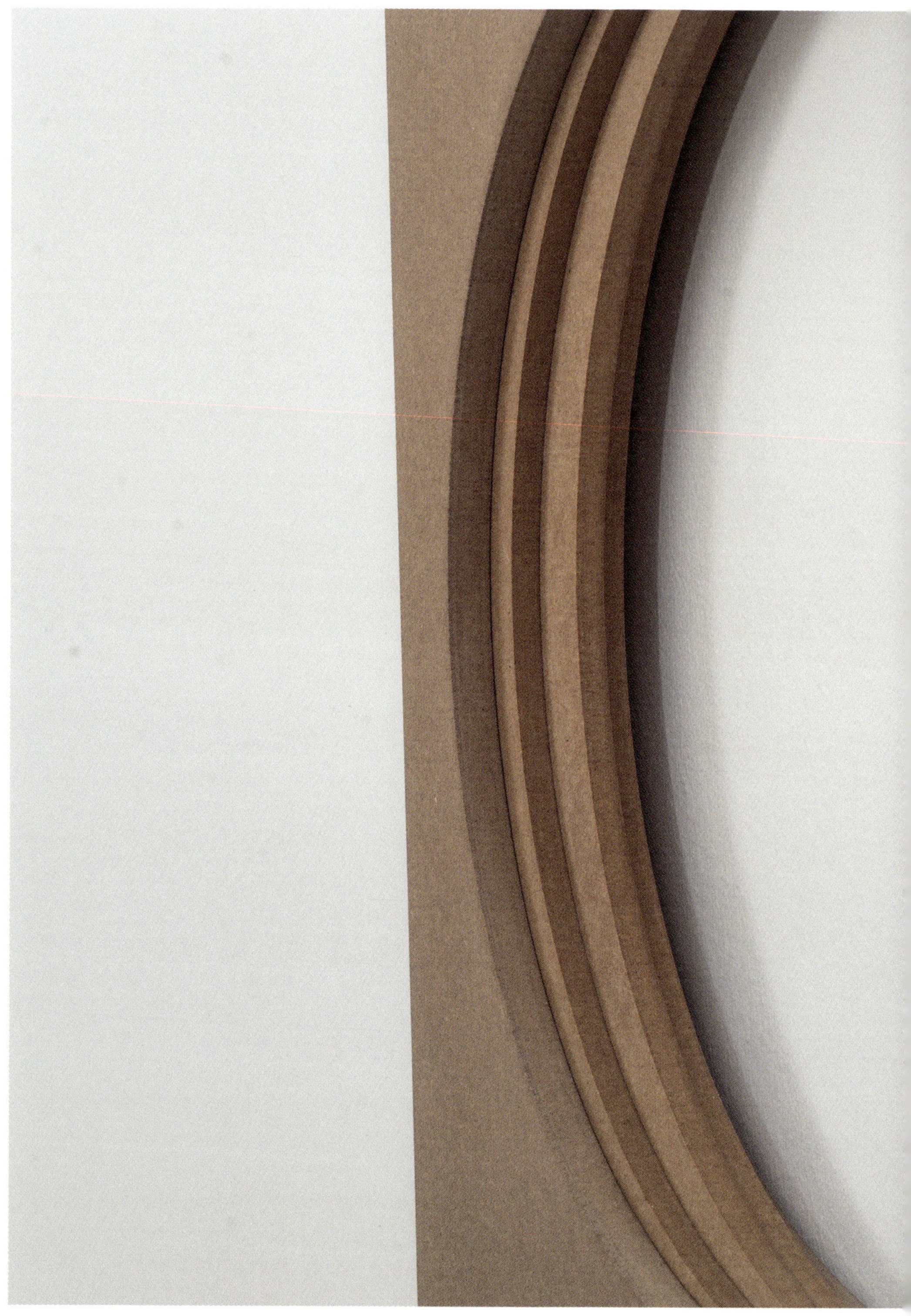

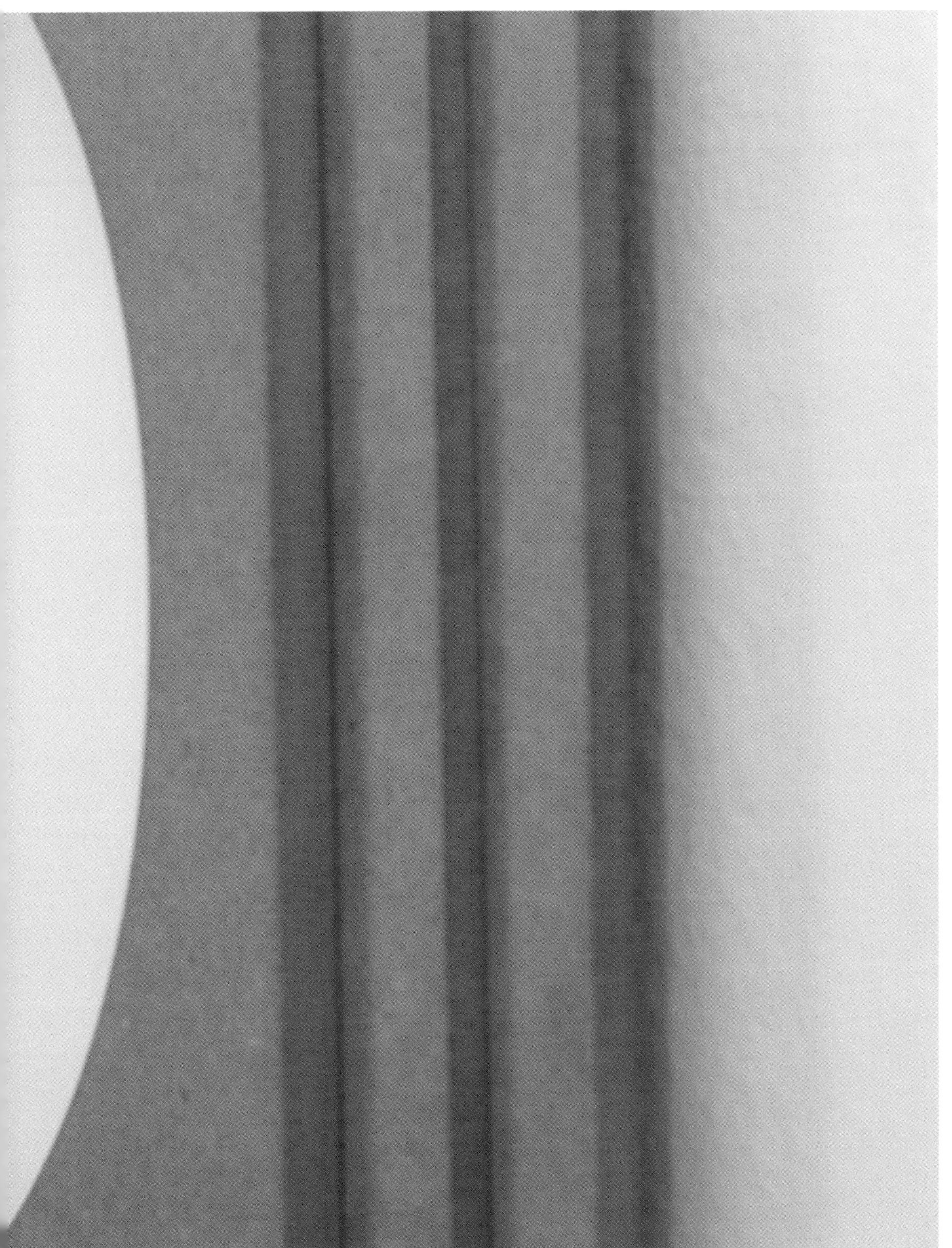

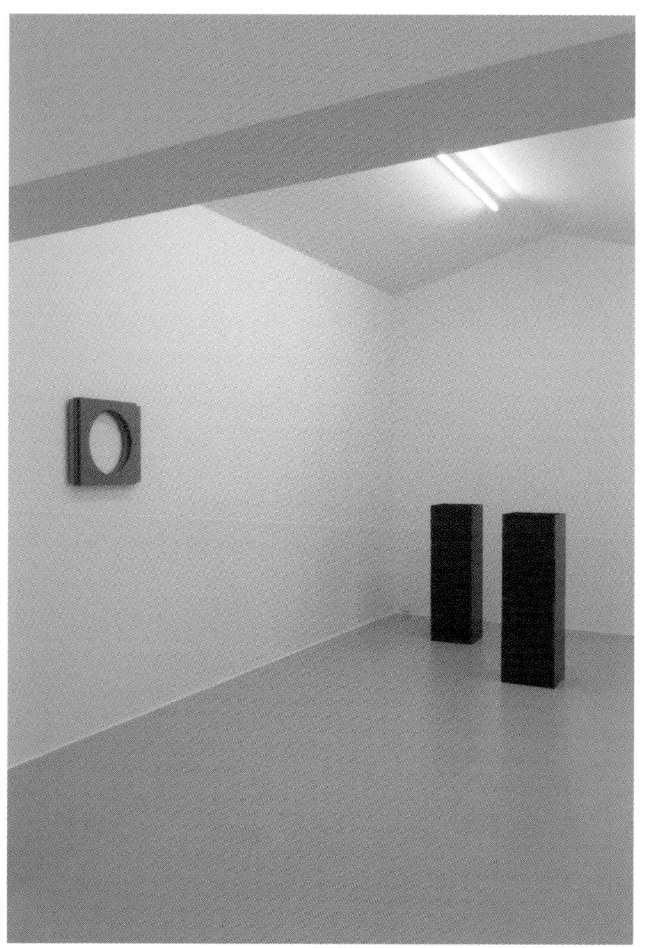

Chaos does not reign; wires and cords, industrial-looking supports of steel, and all their lines and branches withdraw visually in their artistic autonomy; at some point in the course of viewing the work they are no longer perceived. Their heads are sometimes pure and white; sometimes blue epoxy panels are stacked in various numbers in front of florescent tubes. The number of these colored panels deliberately alters the tonality of the light. Sometimes the "light marks" are tall, sometimes of diminutive stature. Light is not just light source; it does not simply serve to radiate and "elevate" something, but rather becomes a self-dramatizing, self-confident, and striking personality thanks to its appearance. In this family, which stands cohesively opposite the viewer, every member has individuality in growth, color, and form. All look at the viewer directly across any distance, becoming a self-confident vis-à-vis: "Look at me; I stand up to your gaze and respond to you," they seem to say. This attitude on the part of the artist to his works is found throughout his oeuvre: respect for color, material, and ultimately appearance, as well as in a dialogue with the viewer.[2]

2 This is a natural connection to the idea of the pedestal in Yuji Takeoka's work.

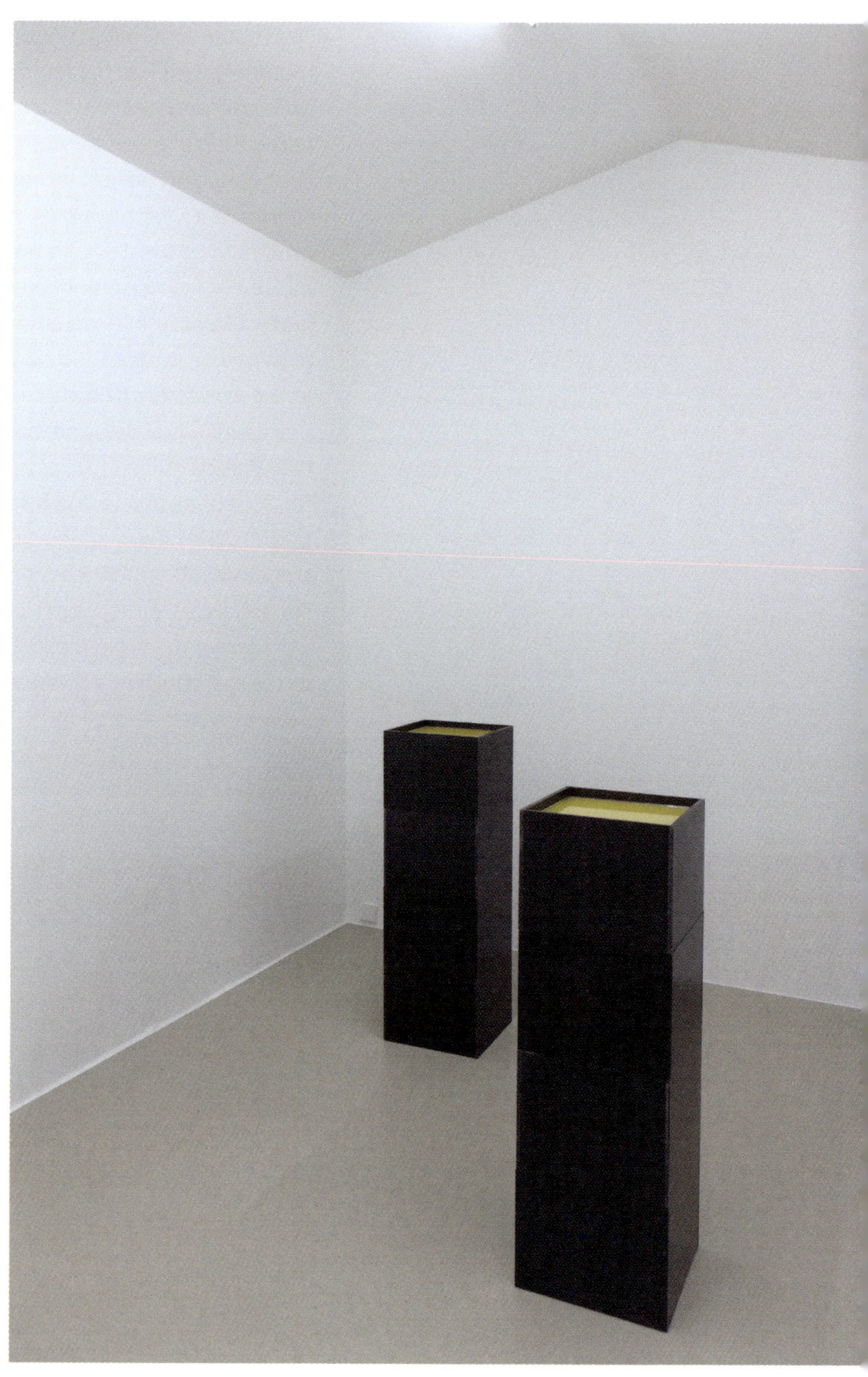

"Haypeter's paintings are materialized, often multipart warehouses for ideas, which subject their components and their construction to perception in a complex principle of concealing, encoding, and revealing that varies from work to work and place to place, which can be recognized and understood by the viewer in the act of 'productive accompaniment' ... in their diversity and mutability."[3] "Productive accompaniment" here can be understood as an active exploring of the world, as an engagement that demands physical and intellectual movement. Only then is dialogue possible in all its complexity: a dialogue that contains space and time. Werner Haypeter permits the conversation between the works and the viewer. A conflict between bright and dark, "experiences" that seem to be inherent in the colors become palpable; in extreme presence or polite restraint, they constantly redefine themselves.

3 Elisabeth Claus, "Von der Vorstellung zur Realität: Autonome Bilder als Gedankendepots," in *Werner Haypeter*, exh. cat. (Göttingen: Kunstverein, 1999), p. 8.

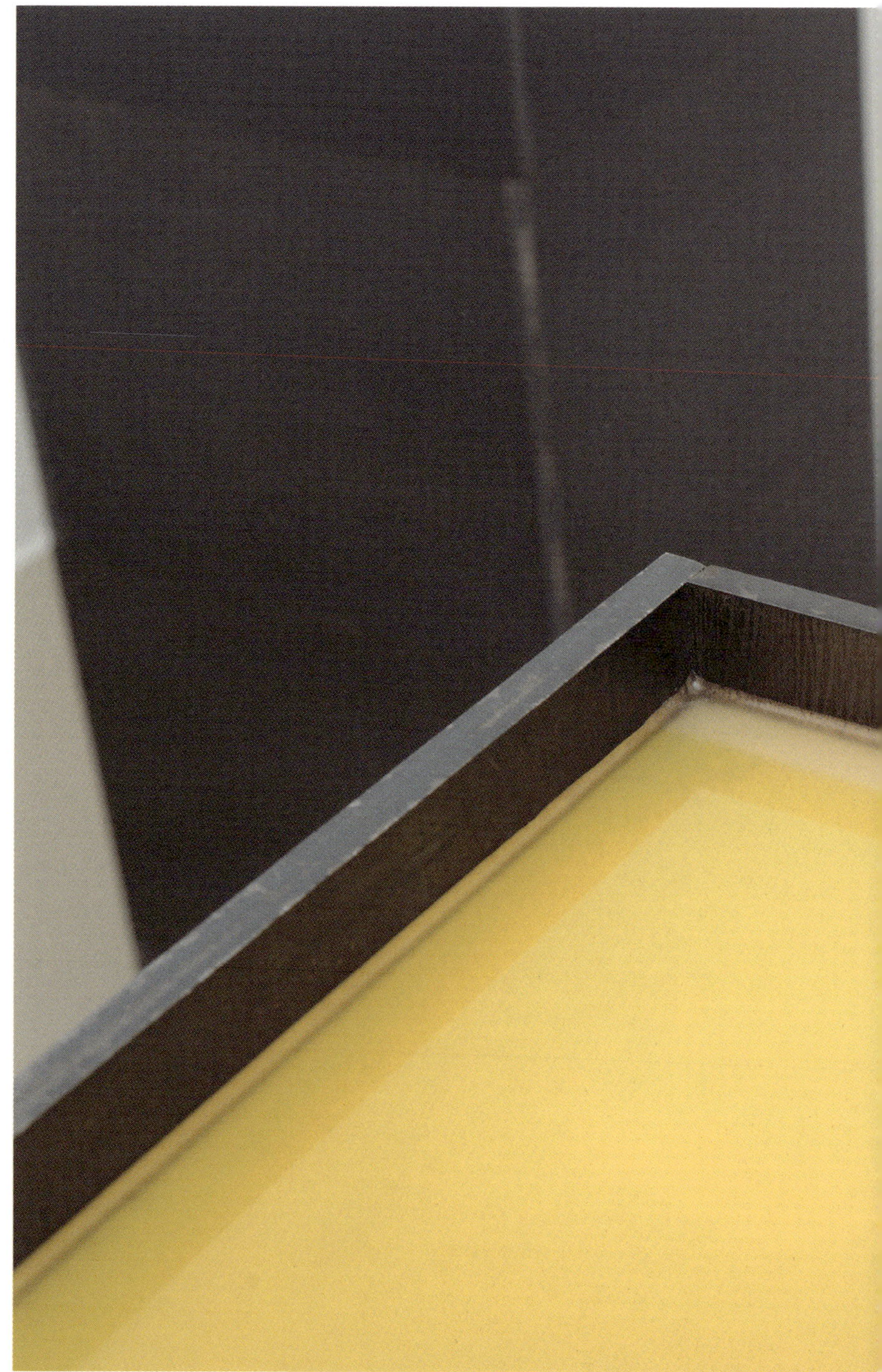

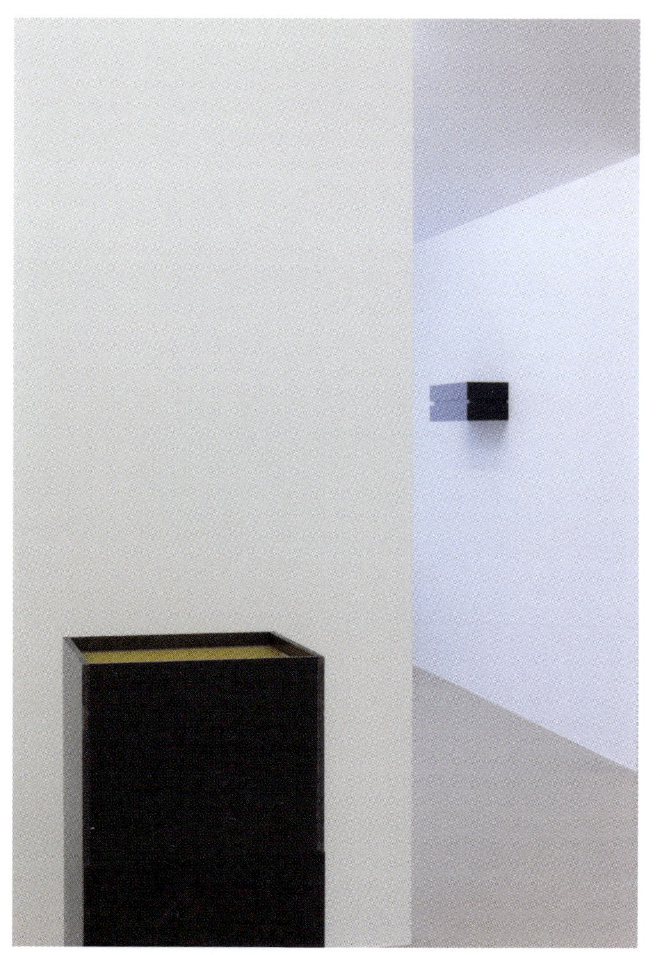

Christian F. Kintz

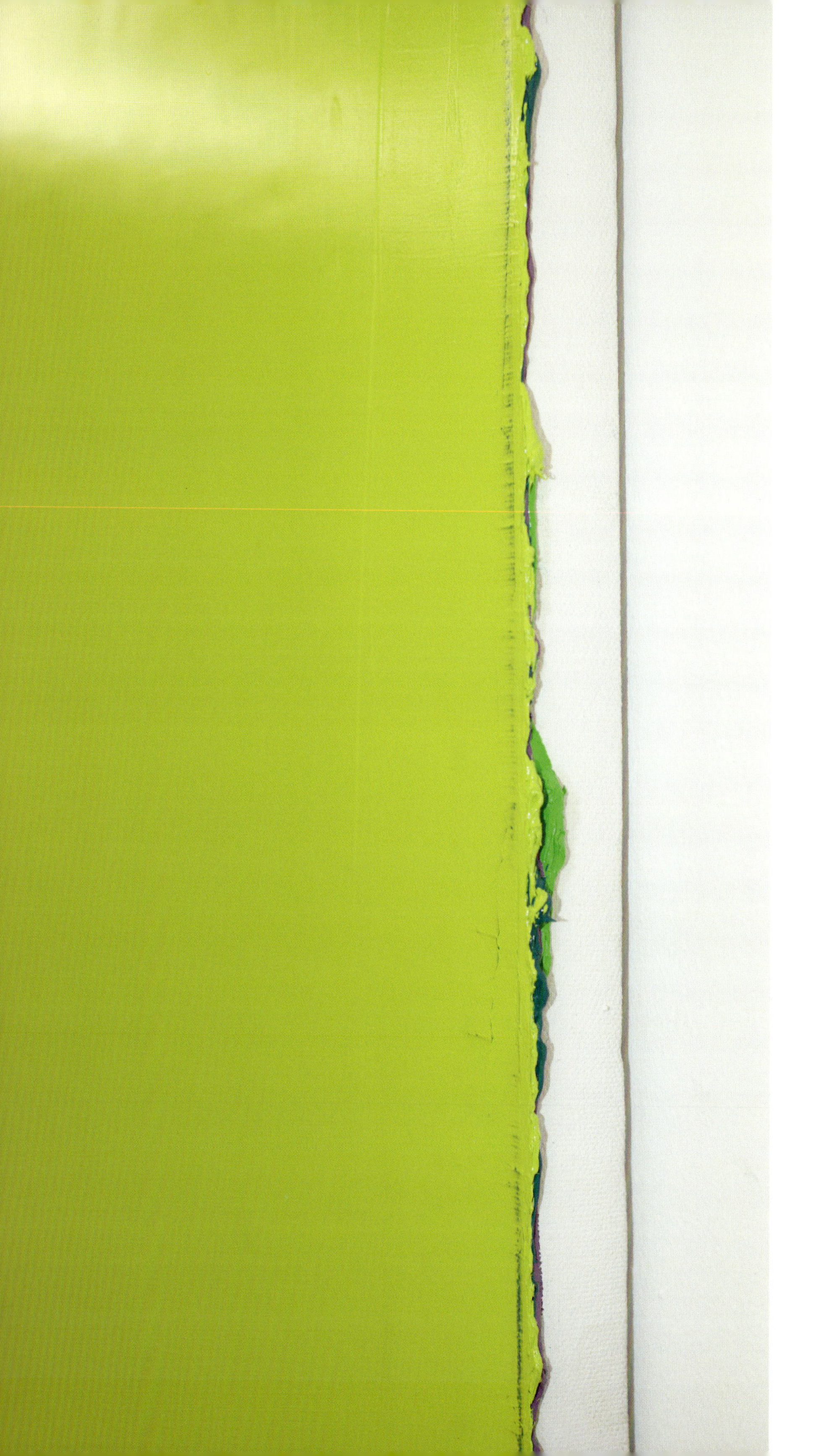

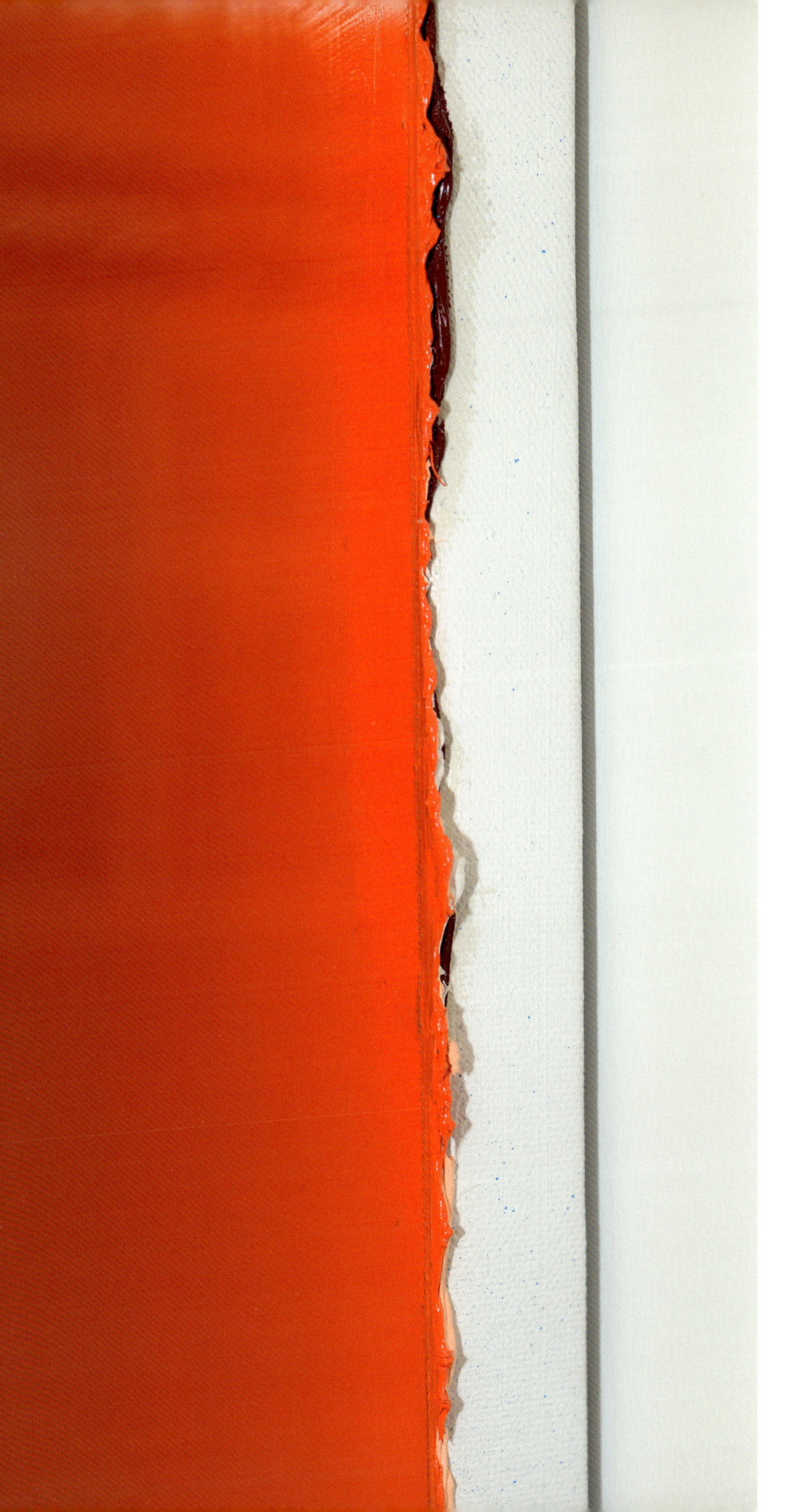

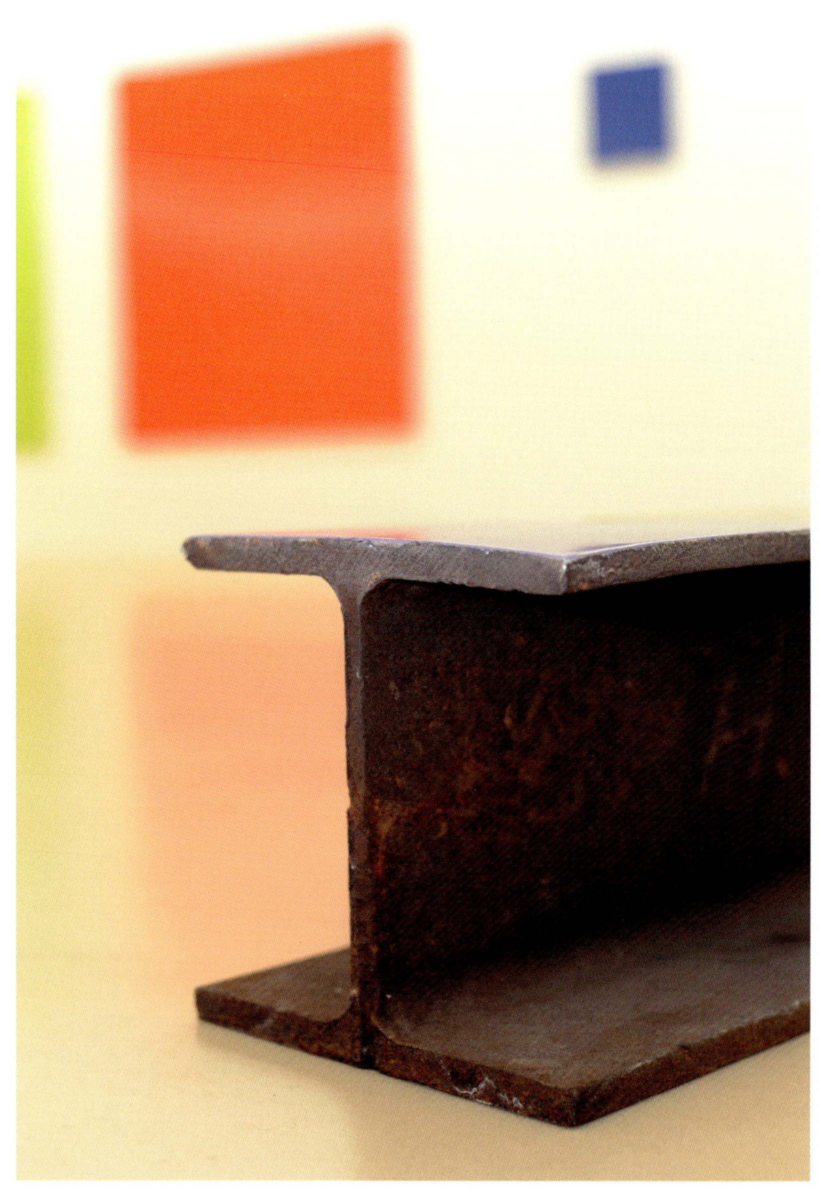

Farbe auf der Überholspur

Ulrike Schick

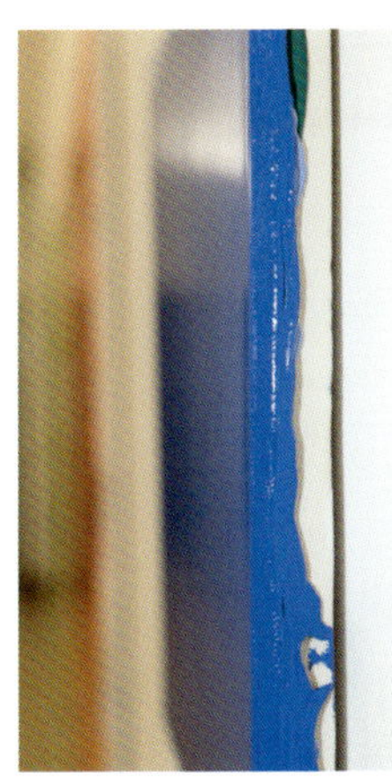

Farben als aktives, bewegtes Moment ‚verkörpern' – im wahrsten Sinne des Wortes Körper – die Arbeiten von Christian F. Kintz. Seine Gemälde, im klassischen Sinne auf Keilrahmen gebrachte Leinwände, grundiert und bemalt, entlarven sich ganz erzählerisch am Rande. Durch die in Schichten mit dem Rakel aufgetragene Farbe kann man alleine hier entdecken, wie sich Farbe aufbaut und dadurch verändert. Die Pseudo-Monochromie der letzten Schicht, das Gesicht des Bildes, ist in ihrer speziellen Tonigkeit nur so zu entschlüsseln und zu erklären. Farbe ist also nicht nur der angemischte Farbton, sondern ist das Resultat von emporwachsenden Tönen und damit Qualitäten, die sich gegenseitig beeinflussen. Ein Gelb kann nur ein solches Gelb werden, da es in sich ein Blau oder ein Grün und viele andere mehr birgt. Farbe wird Prozess, Farbe meint Zeit. So ist es mehr als konsequent, dass Kintz in späteren Arbeiten diese Idee des Randes als Entlarvung des Bildes radikalisiert. Er formuliert sie als zentrales Thema seiner Auseinandersetzung mit Farbe.

So entstanden Aluminiumhohlprofile (2010–2012, Acryl auf Aluminium, S. 88–91), in denen die Farbe sich nicht flächendeckend, sondern in ihrer ganzen Körperlichkeit und Tonigkeit selbstbestimmt ausbreitet. Sie fließt zäh über den Träger und oft sogar darüber hinaus, sie schafft sich Raum, scheint wie ein farbiger Lavastrom keine Rücksicht zu nehmen, sie tropft, hängt und lastet über- und untereinander. Sie verbirgt nicht, sie ruft uns laut entgegen.

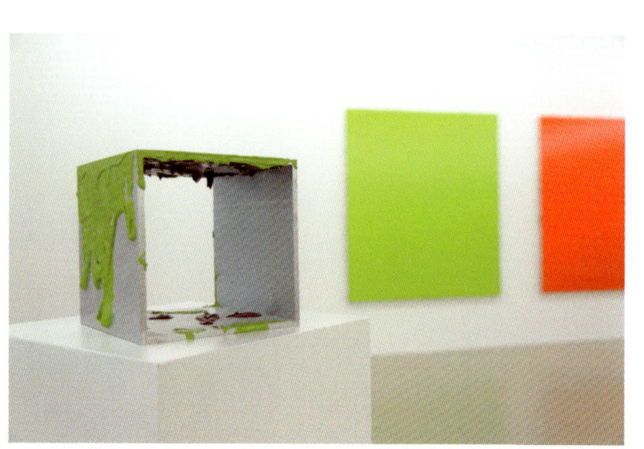

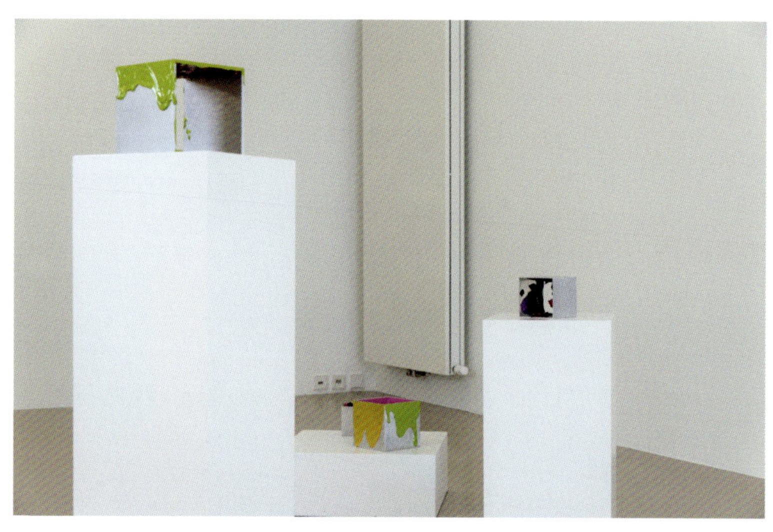

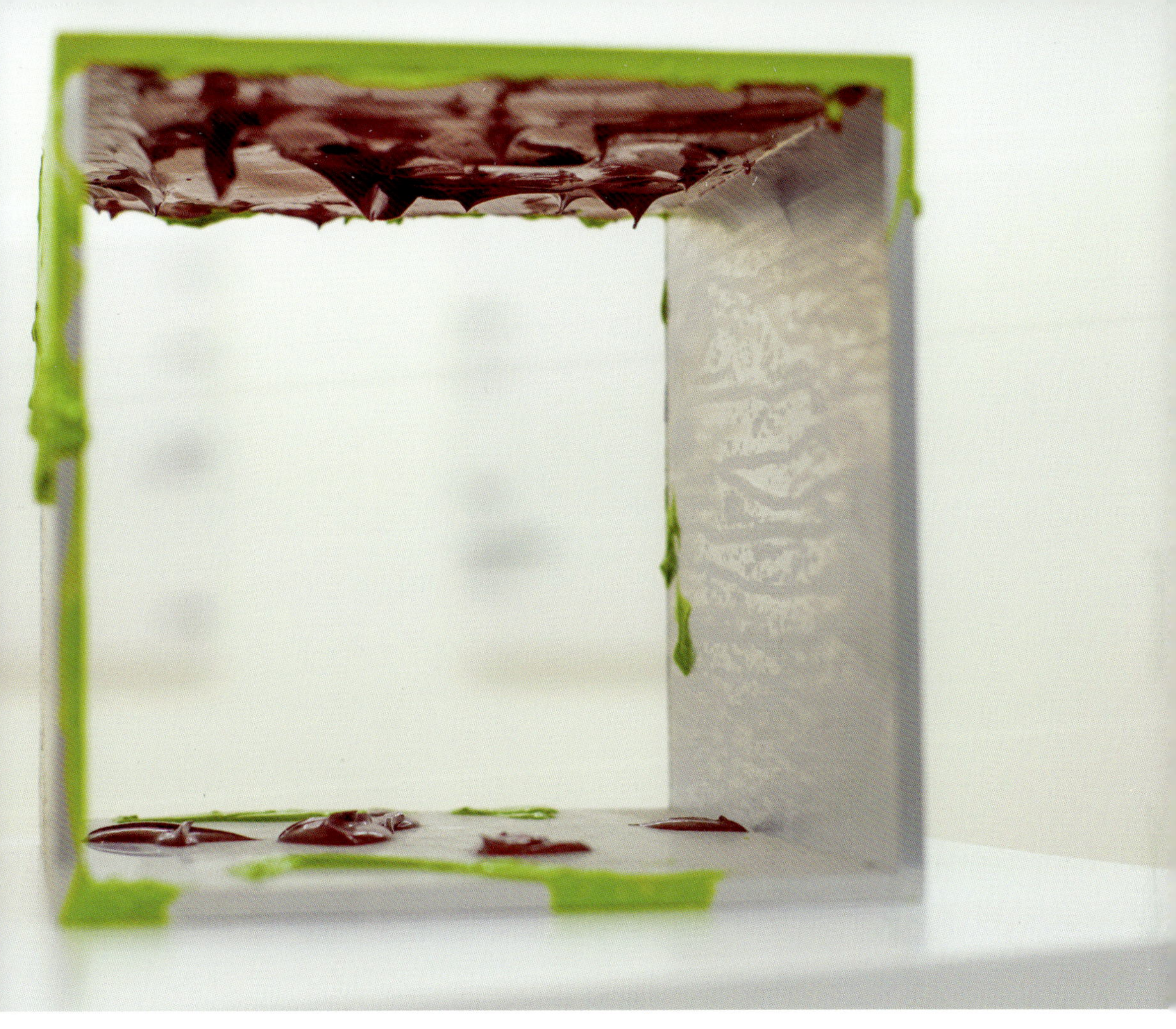

Kintz bleibt dabei seiner eigenen Palette, bei der er noch nie Berührungsängste mit stark farbigen, ja aggressiven Tönen hatte, treu. Die trotz ihres farbigen Ungestümseins filigran anmutenden Aluminiumarbeiten lassen Raum zu, umschreiben ihn auf kleinstem Areal.
Anders als das große Objet trouvé, ein Doppel-T-Träger (2000, Lack auf Stahl, S. 93), das den Raum durch die Spiegelung auf der Oberfläche der Farben zurückwirft, erlauben die Hohlprofile, dass man durch sie durchblickt, neue Ansichten entdecken kann, die von der mächtigen Farbe begleitet und ‚gefärbt' werden.

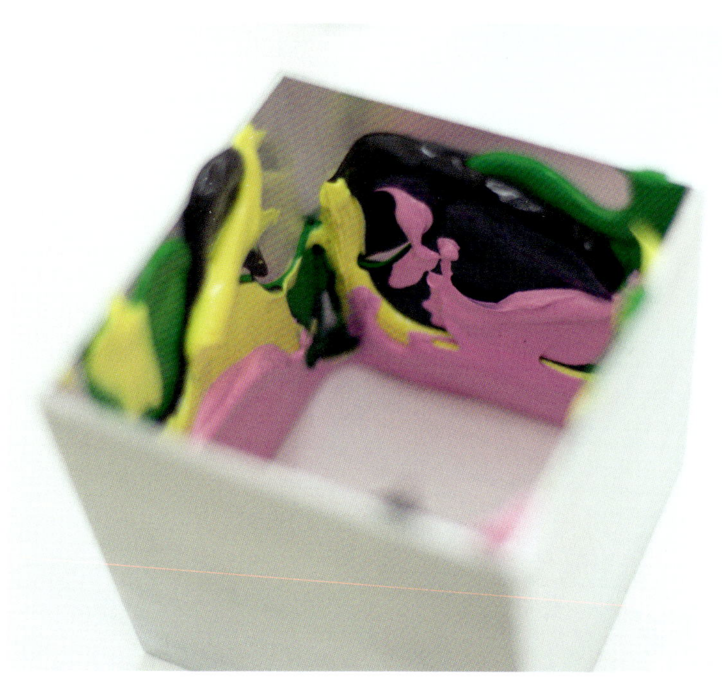

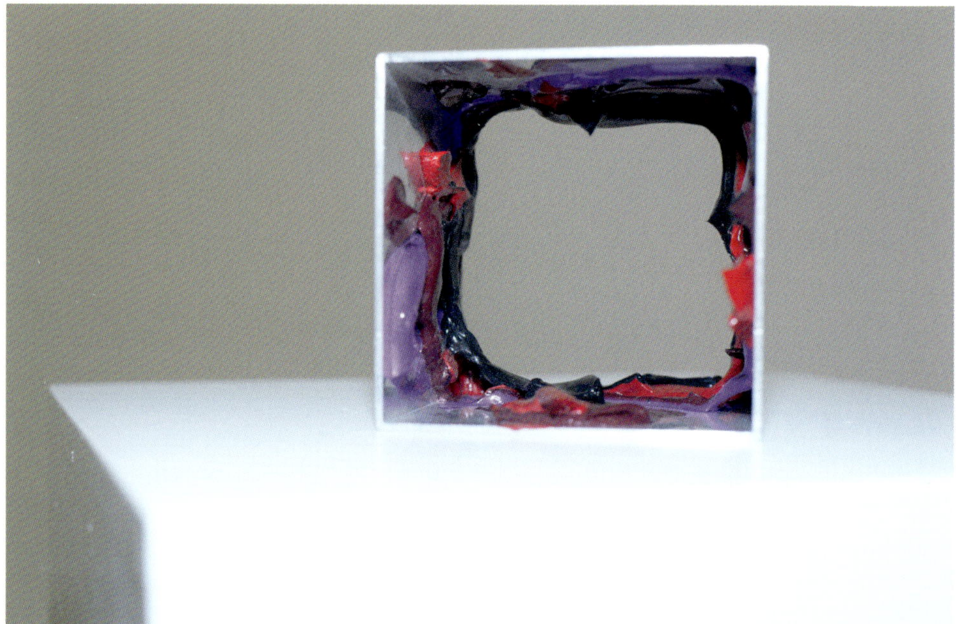

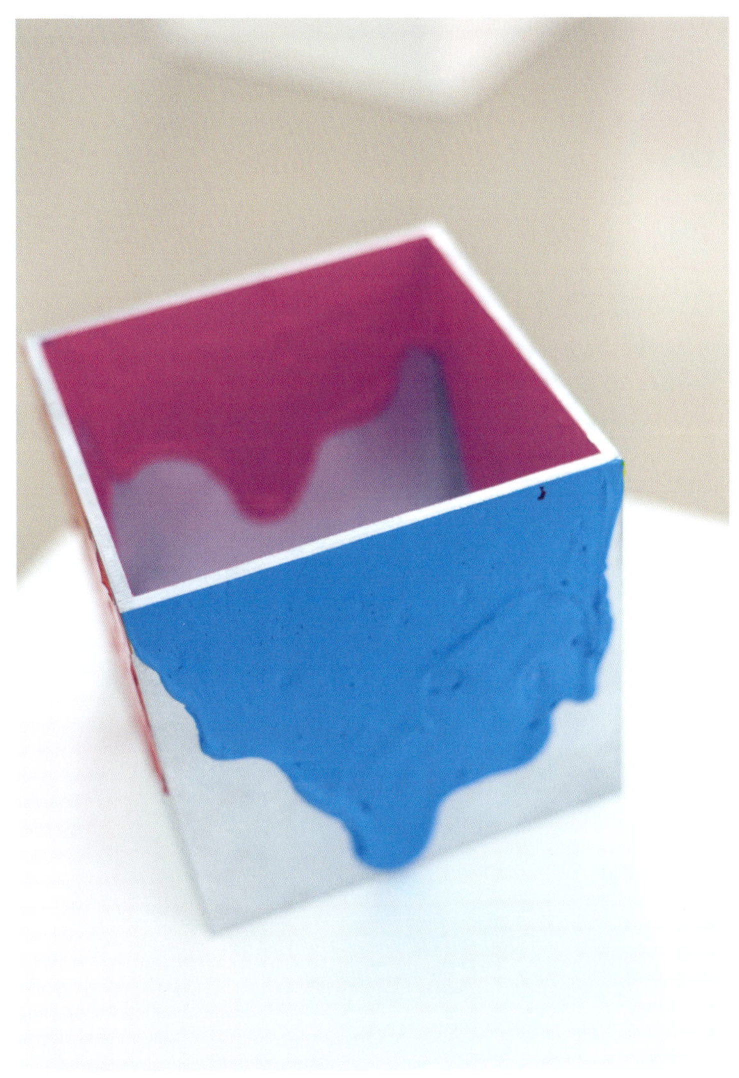

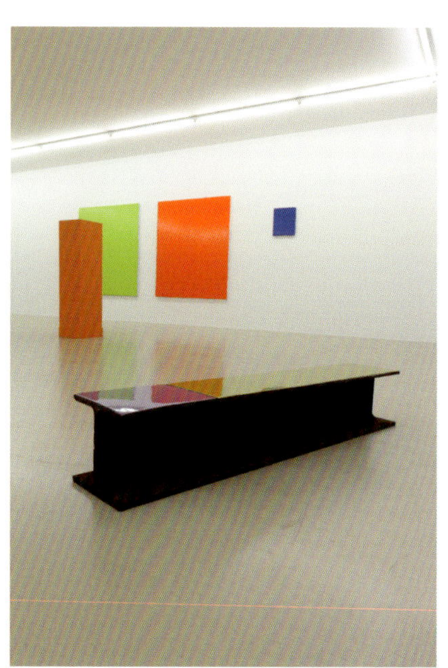

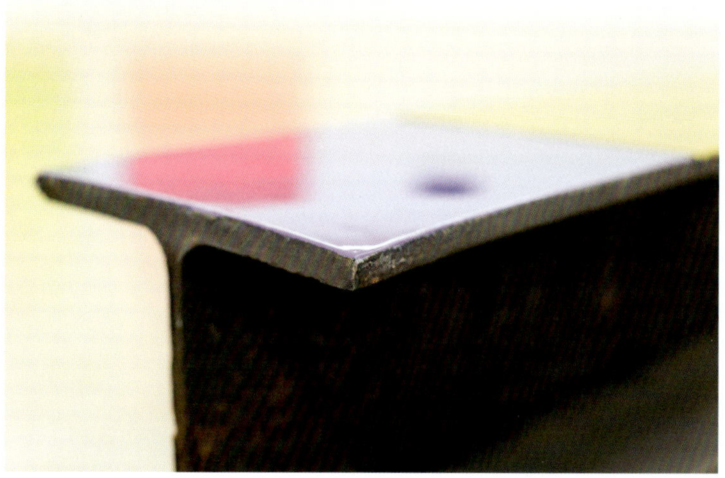

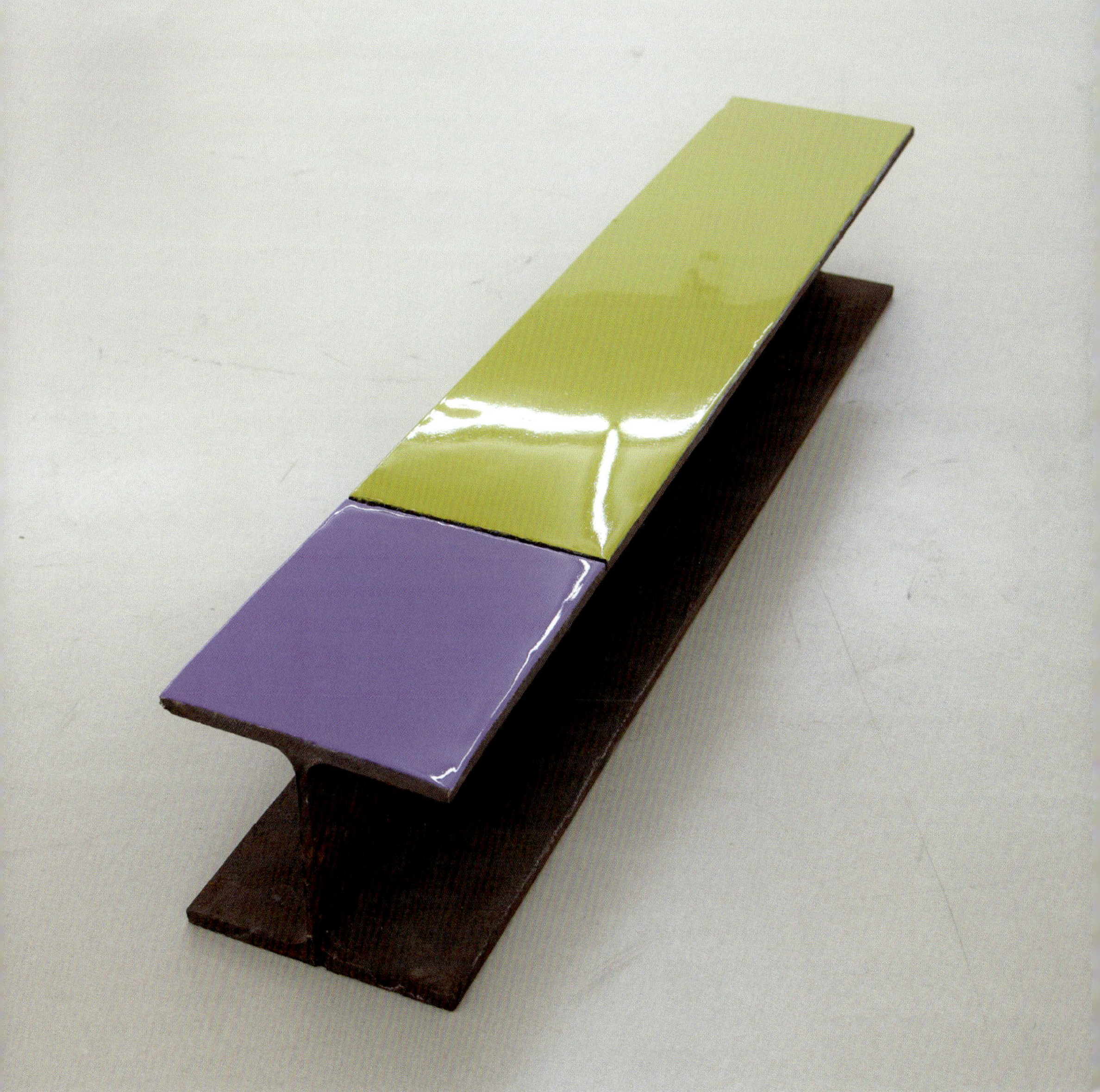

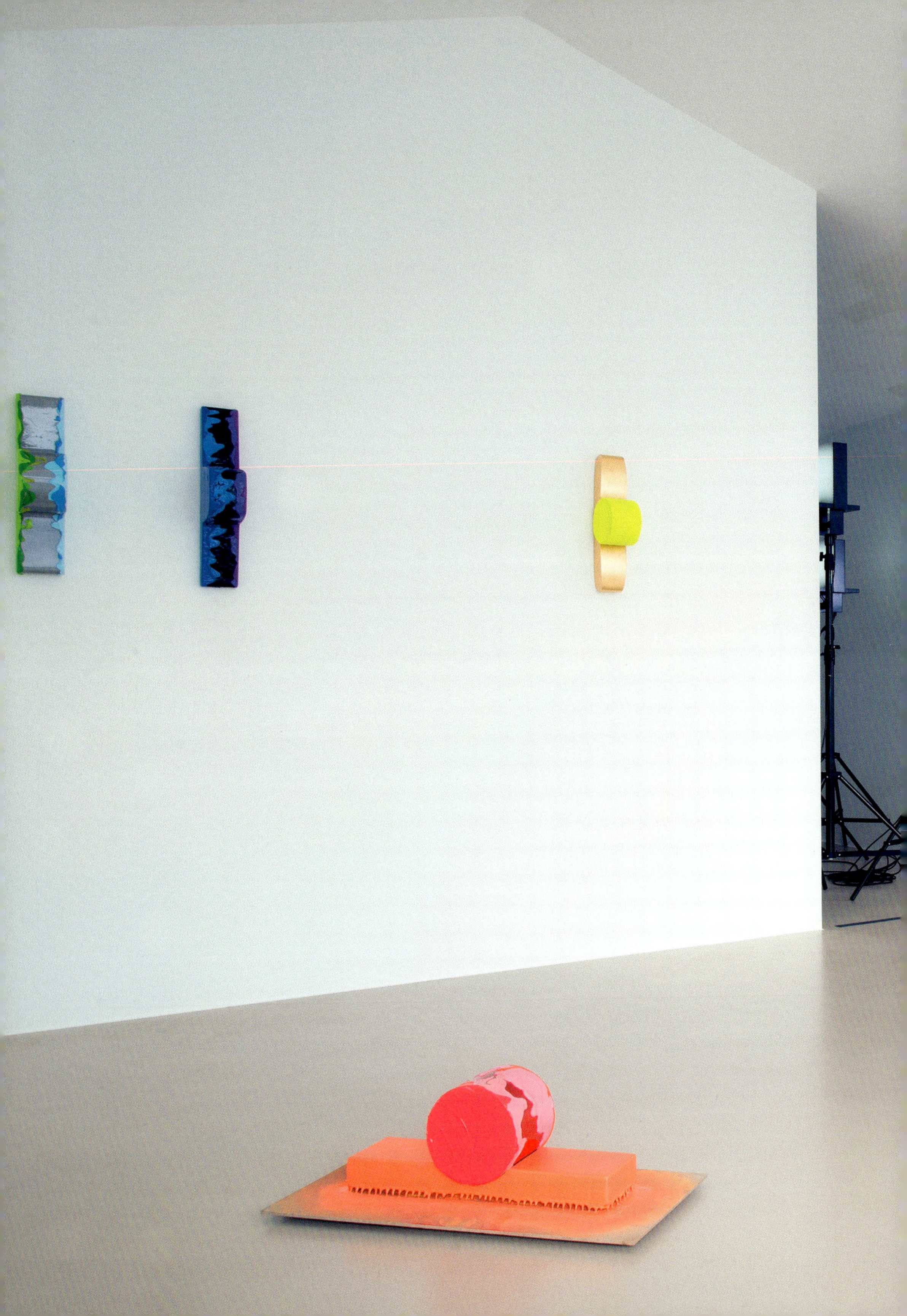

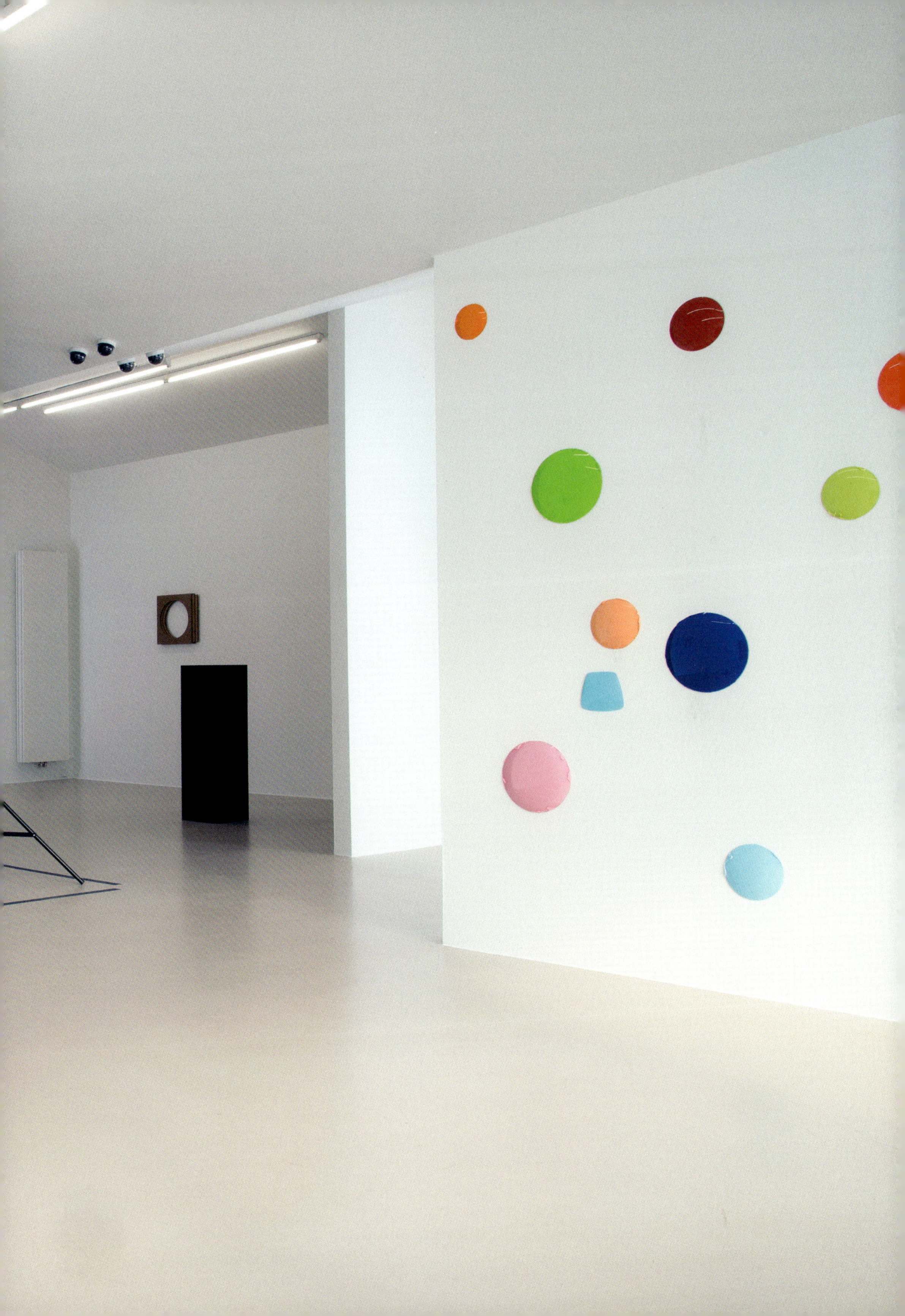

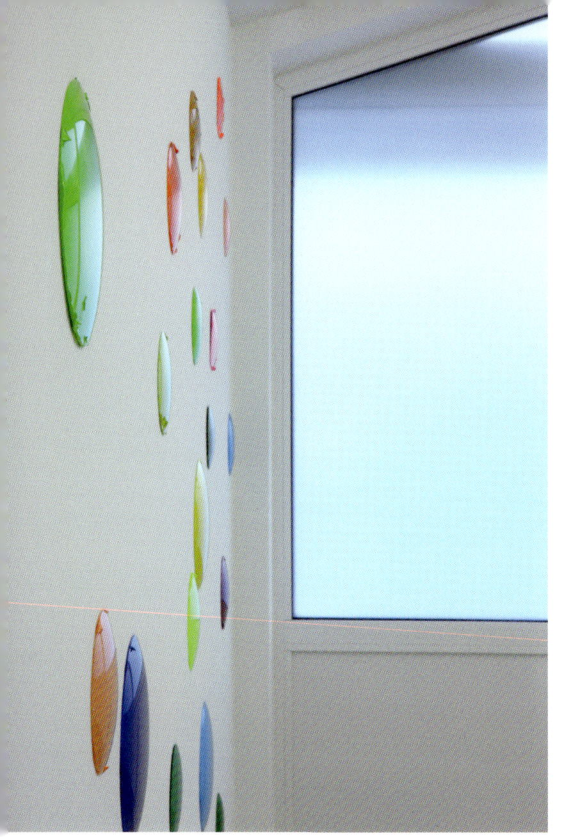

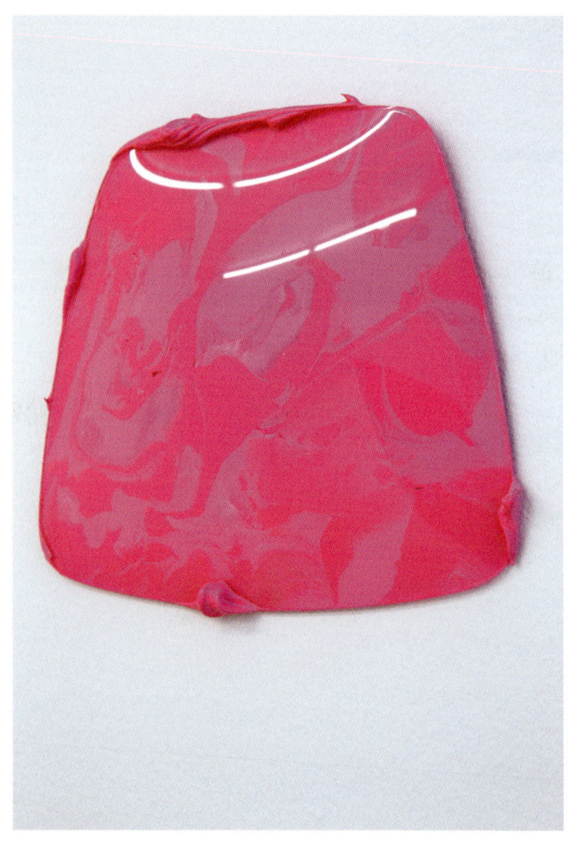

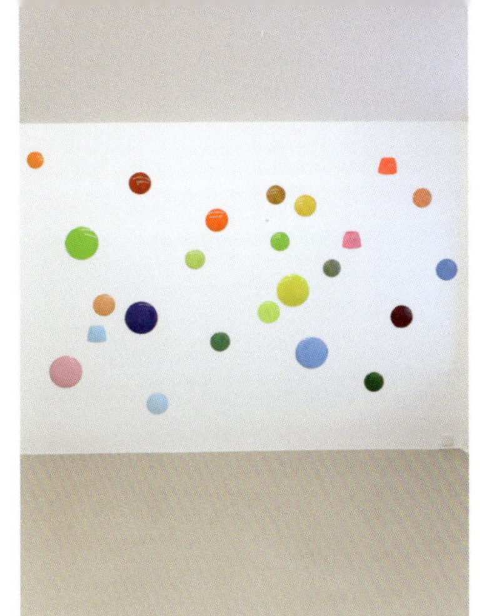

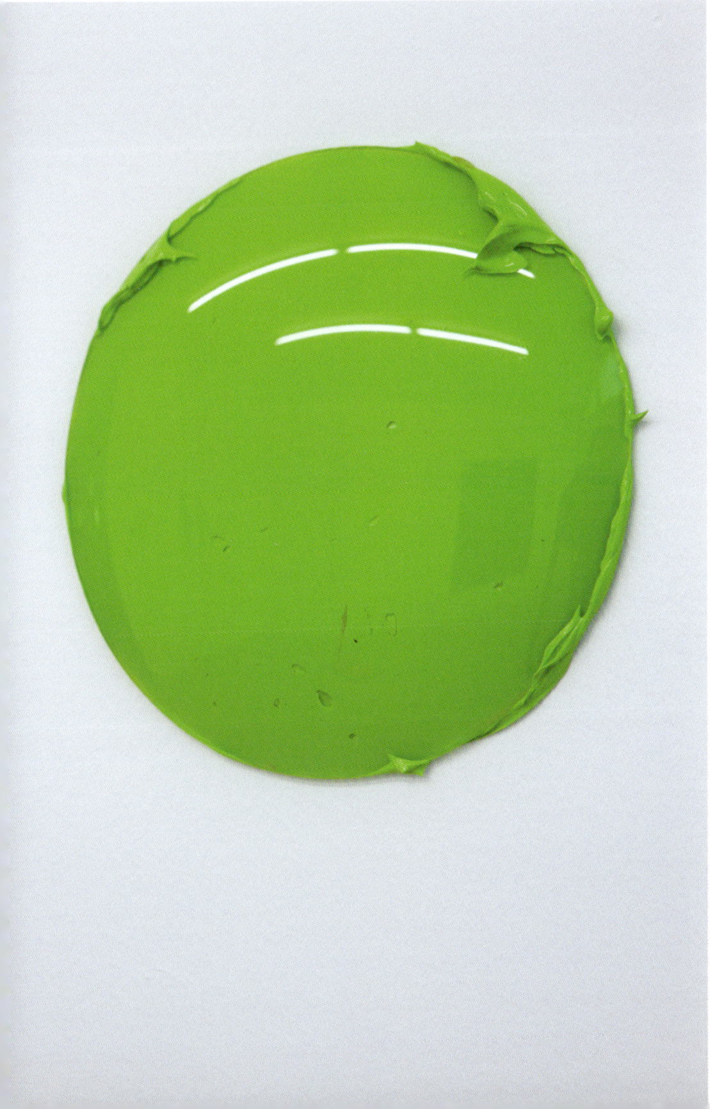

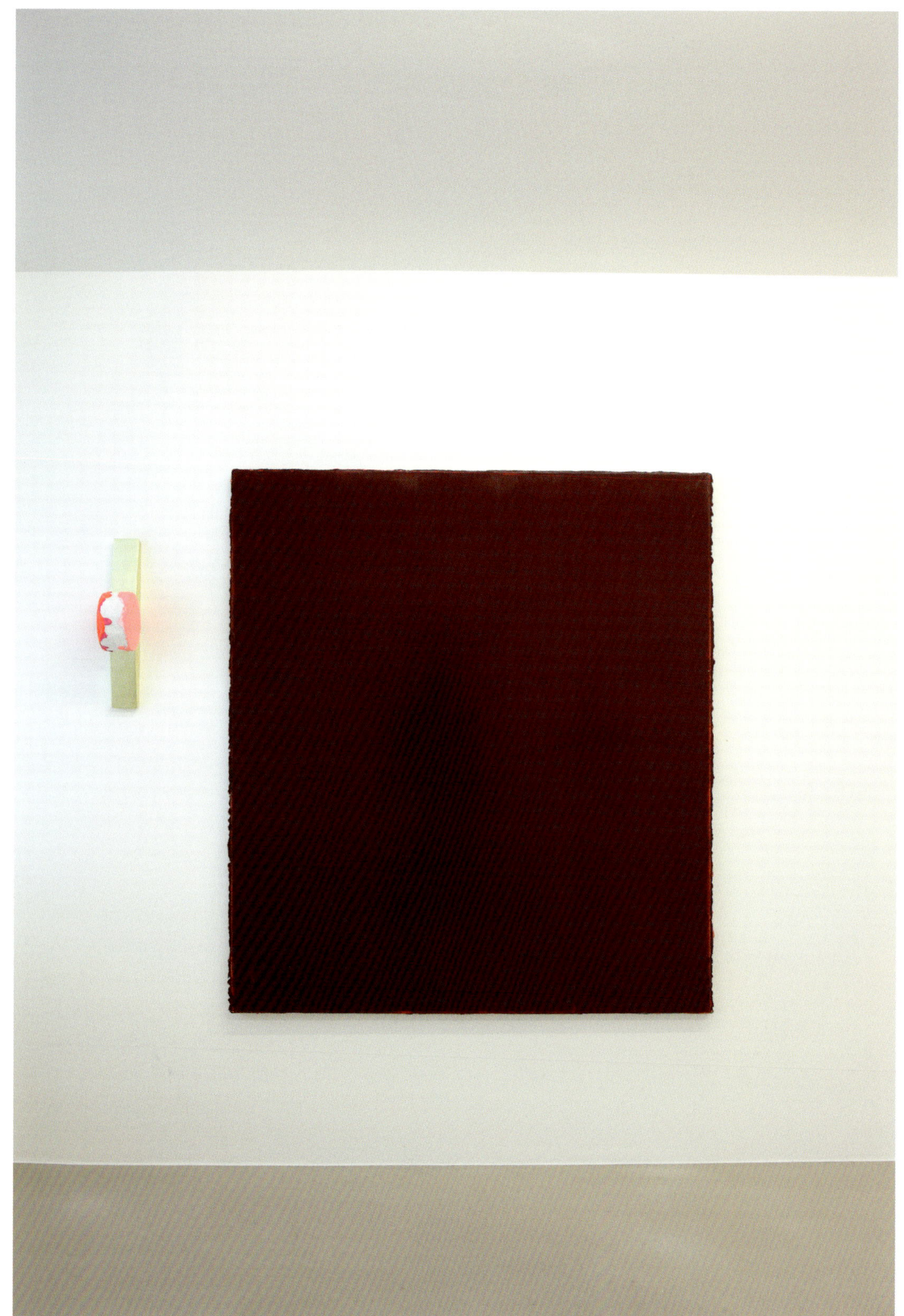

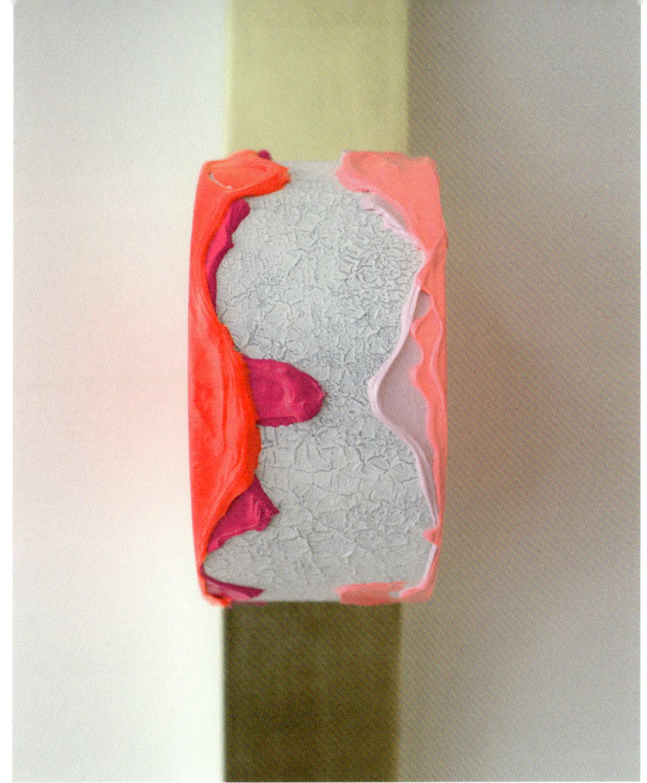

Der Farbe werden vielerlei Funktionen zugeteilt. Sie verhüllt, bedeckt nicht nur, sondern tritt lauthals, wenn auch nicht bösartig in den Vordergrund und stellt sich oft selbstbewusst ihrem Nachbarn entgegen.
Kintz rast weiter auf der Autobahn der Töne. Radikal nutzt er seine aufgegriffene Idee der Objets trouvés (*Zeitobjekt*, 2012, Lacke, Acryl auf Holz, S. 99–105). Er findet und kauft alte Standuhren und entkernt sie. So entsteht ein neuer Bildkörper. Nun bahnt sich der bekannte farbige Lavastrom seinen Weg. Farben und Töne scheinen den Körper, ihren Träger zu besiegen, ja zu verschlingen. Sie sind sichtbar gewordene Zeit, zeigen den Prozess, so wie sie sich Schicht um Schicht ihren Weg bahnen.

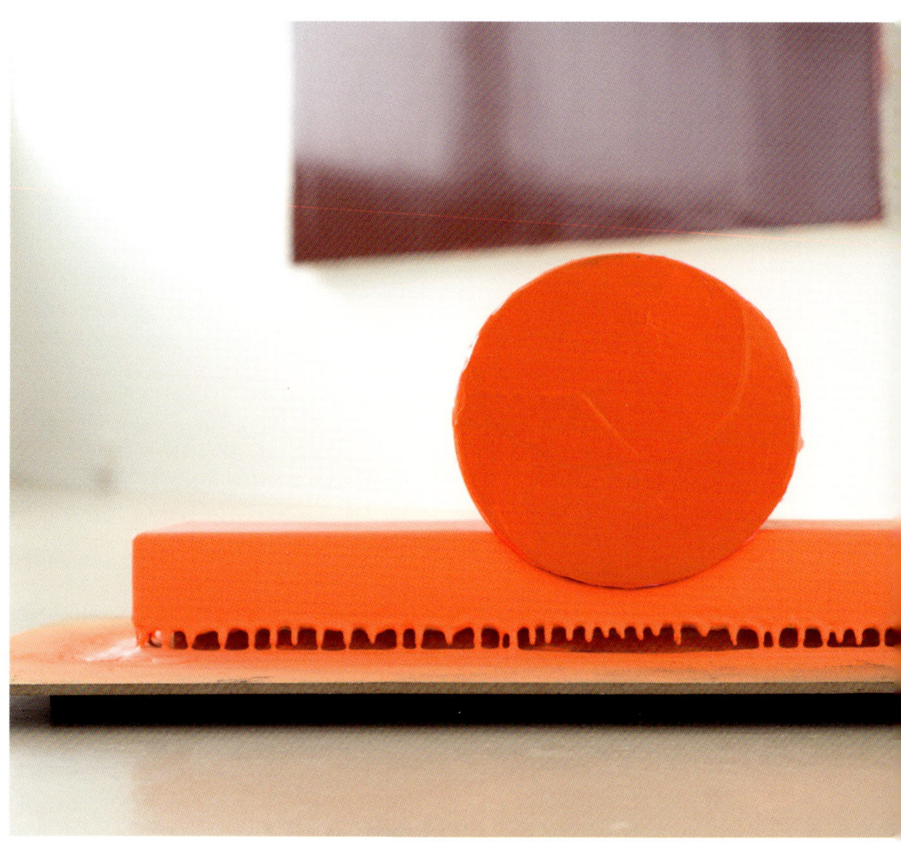

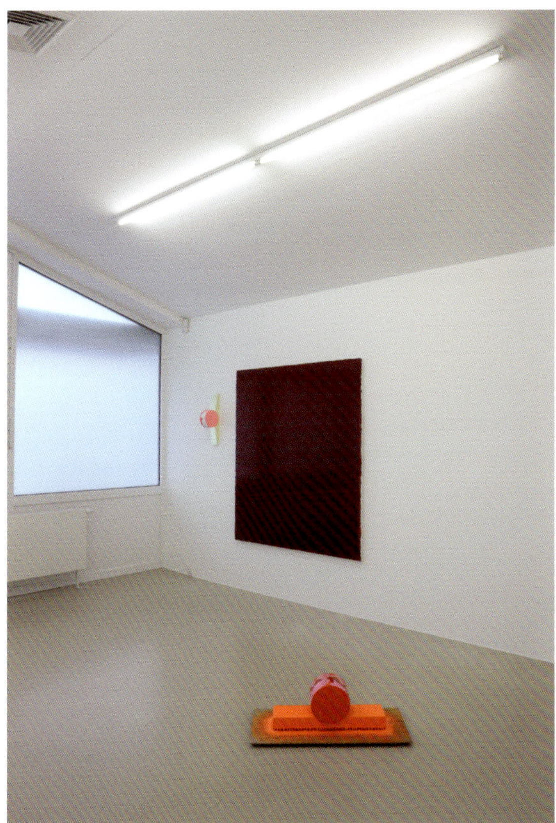

Farbe als Bewegung, als Überlagerung, die eine urspüngliche Funktion besiegt, um sich selbst zu inszenieren.
Der Träger dient, neu definiert, als Bühne eines Schauspiels namens Farbe.
Die Radikalität, mit der Kintz der Farbe erlaubt, sich selbst als Material, in ihrer Tonigkeit wie in ihrer Ausbreitung und Masse zu feiern, ist absolut. Dennoch ist der Betrachter nicht verängstigt. Durch sein Wissen um die Objekte wirkt die Farbe wie ein Kobold, der mit einem Augenzwinkern einen vertrauten Gegenstand infrage stellt, ihn entfremdet und zu neuem Leben erweckt.

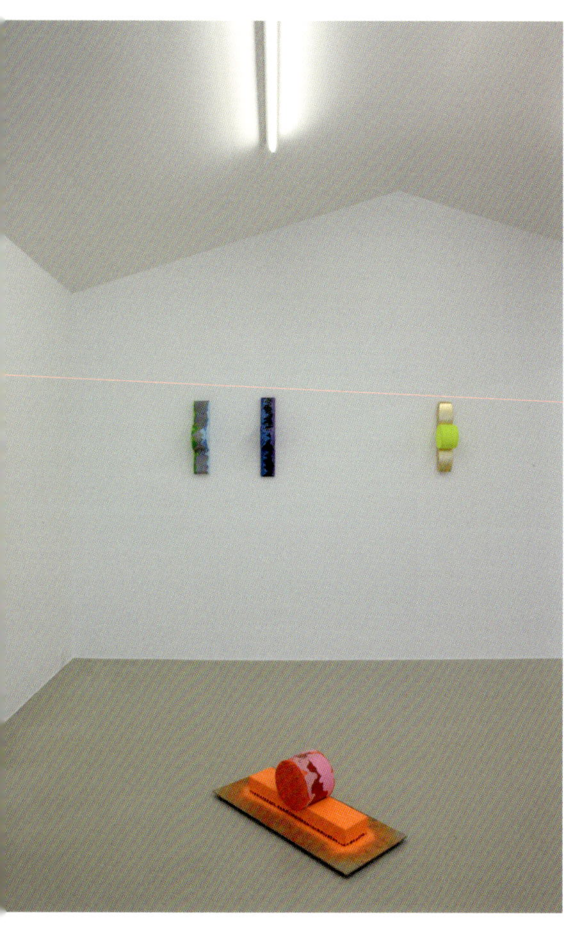

Mit der gleichen Zeit, welche die *Zeitobjekte* ursprünglich symbolisierten, wächst ebenjene Farbe zu neuem Leben und entfaltet sich in aller Bandbreite, von spröde und trocken über matt oder leuchtend bis zu goldener Festlichkeit oder sprühender Lebensfreude.
In der gleichen Konsequenz und mit dem gleichen Augenzwinkern nutzt Kintz noch weitere Bestandteile des entfunktionalisierten Trägers. Die Installation *24 hours* (2012, Acryl hinter Glas, Durchmesser ca. 20 cm, S. 96/97) besteht aus Uhrengläsern, die aus jenen entbeinten Körpern stammen. Auf der Rückseite, in einer Schicht bemalt, sind sie gemäß ihrer ursprünglichen Funktion konvex. Sie scheinen sich aus der Wand zu wölben, nehmen Raum als Dahinter und als Gegenüber durch ihre Spiegelung auf.
Trotz ihres großen Selbstbewusstseins gelingt es Kintz, die Farbe nicht als eitle, selbstverliebte Akteurin zu entlarven, sondern als gestalterische Kraft, als Energie zu präsentieren.

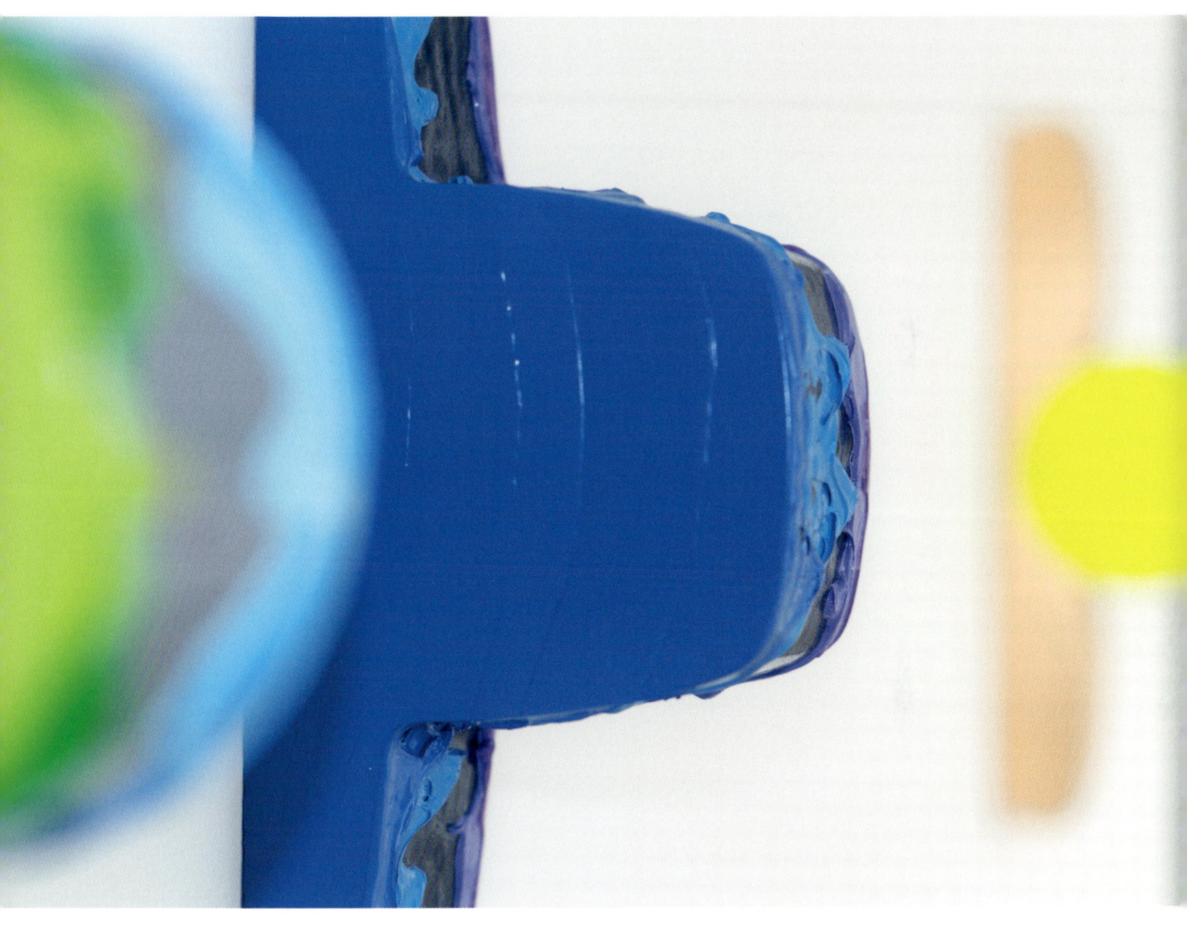

Color in the Passing Lane

Ulrike Schick

Colors as an active, moving aspect are "embodied"—in the truest sense of the word—by the works of Christian F. Kintz. His paintings—in the classical sense of canvases on stretchers, primed and painted—turn out in passing to be rather narrative. By means of paint applied in layers with a squeegee, one can discover only here how color is built up and how it changes in the process. The specific tonality of the pseudo-monochromy of the final layer, the painting's face, can only be decoded and explained in this way. So color is not just a mixed shade but also the result of rising hues, and hence of qualities that influence one another. A yellow can only be that particular yellow because it conceals within it a blue or a green, and many other colors. Color becomes a process; color means and is time.
It is therefore more than logical that in later works Kintz radicalized this idea of the edge as unmasking the painting. He formulates it as a central theme of his effort to come to terms with color.
He created hollow aluminum moldings (2010–2012, acrylic on aluminum, p. 88–91), in which the paint is not an allover covering but instead spreads autonomously in its physicality and tonality. It flows viscously across the support and often even beyond; it creates space, seeming not to show any consideration, like a colorful stream of lava; it drips, hands, and weighs down above and below one another. This does not conceal itself; it calls out loudly to us.

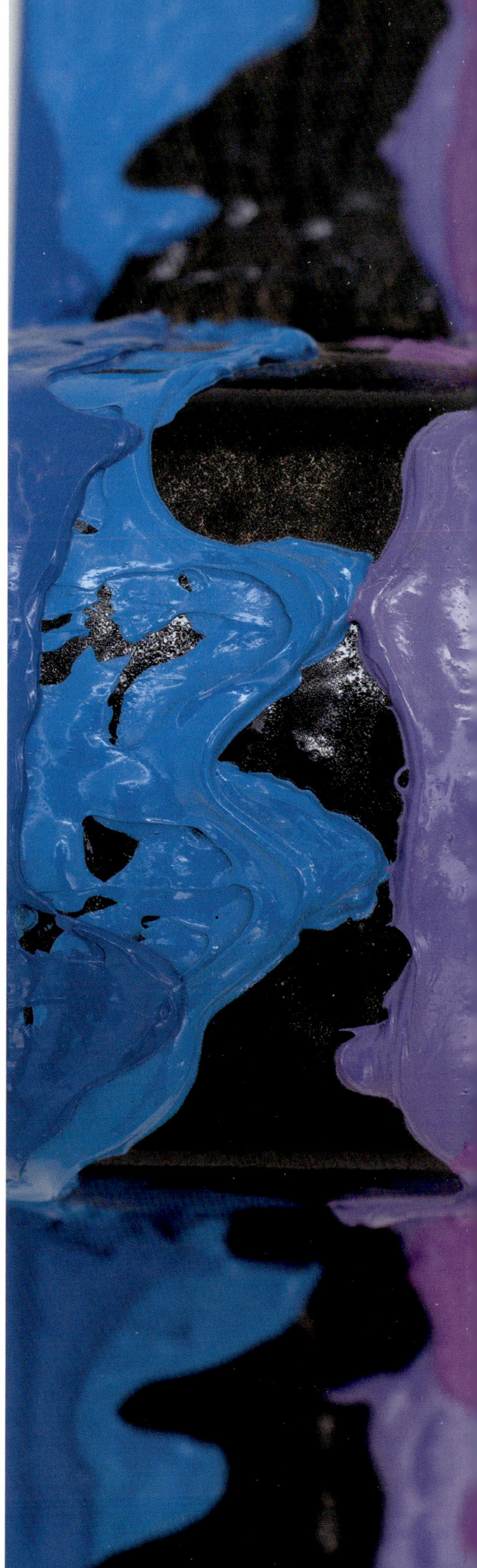

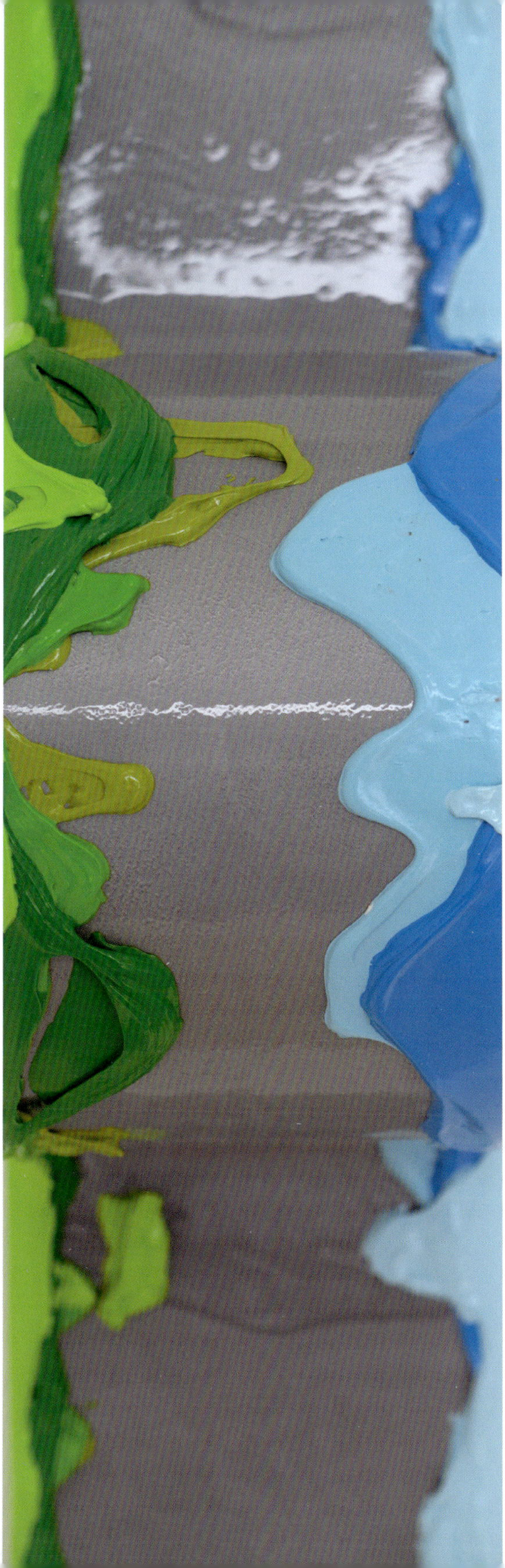

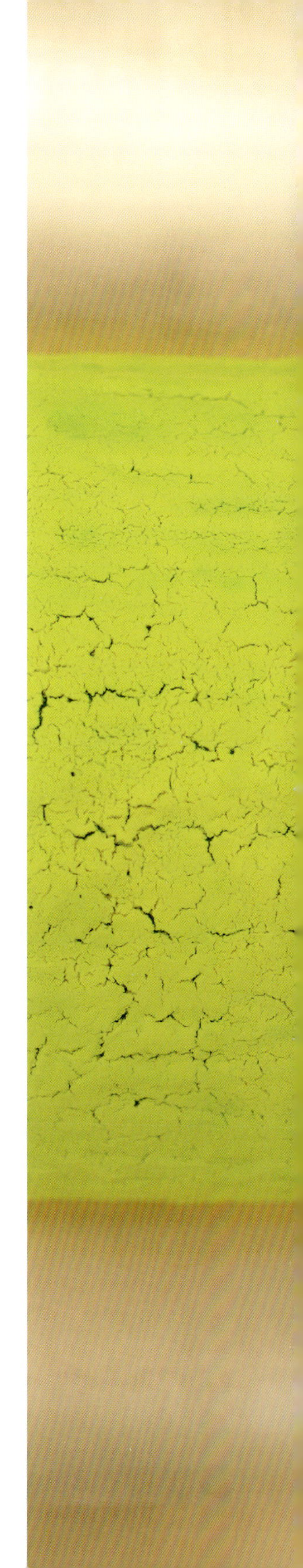

Kintz remains faithful to his own palette, which has never shied away from bright, even aggressive colors. The aluminum works, which despite their colorful impetuousness look filigreed, circumscribe space in the tiniest area.

Unlike the large *objet trouvé*, a double-T bar (2000, lacquer on steel, p. 93), which throws back the space as a result of reflection on the surface of the paints, the aluminum moldings permit one to look through them, to discover new views, accompanied and "tinted" by the powerful color.

Many different functions are attributed to color. It veils, not just covering but stepping noisily, though not maliciously, into the foreground and often self-confidently countering its neighbor. Kintz races past on the autobahn of shades. He radically employs the idea of *objets trouvés* that he has adopted (*Zeitobjekt* [Time object], 2012, lacquer paint and acrylic on wood, pp. 99–105). He finds and purchases old grandfather clocks. Thus a new ground for paint is born. Now the familiar and, in this almost lethal, stream of colorful lava—though it is almost unrecognizable—gets going. Colors and shades seem to overcome, even swallow up, the body, their support. They are time rendered visible, revealing the process as they make their way layer by layer.

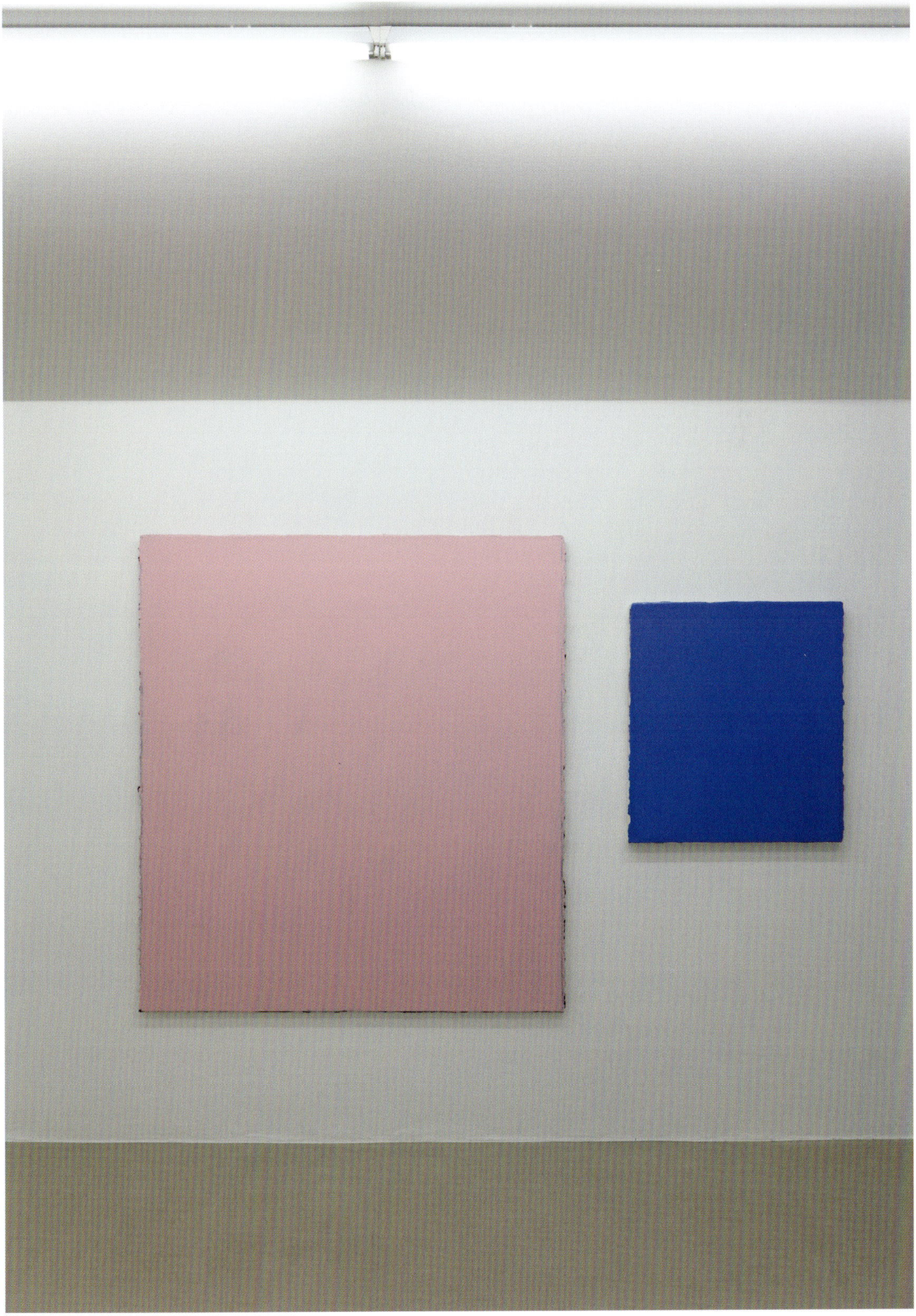

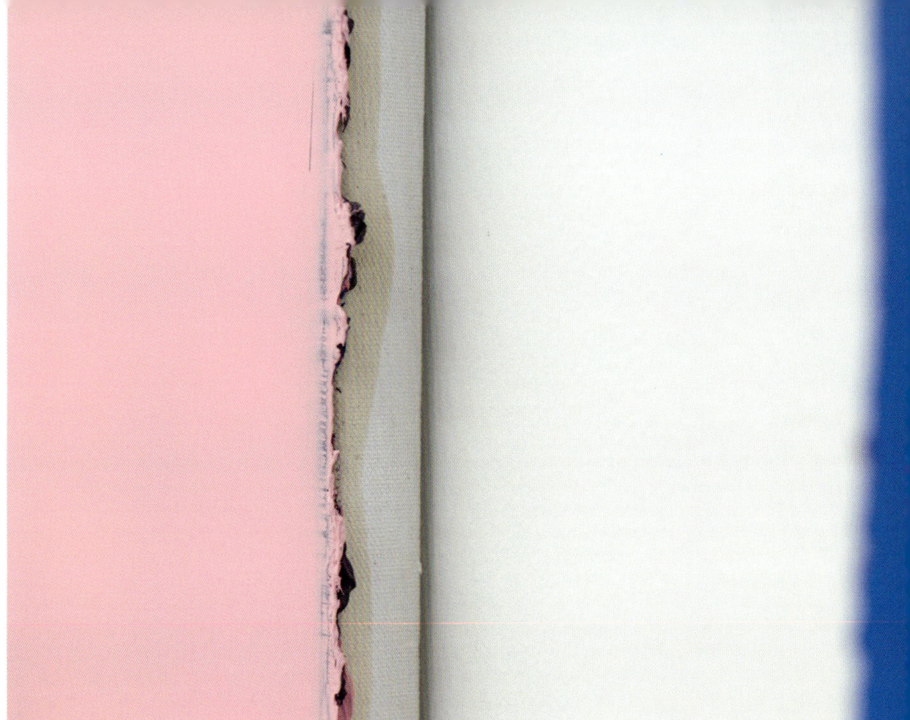

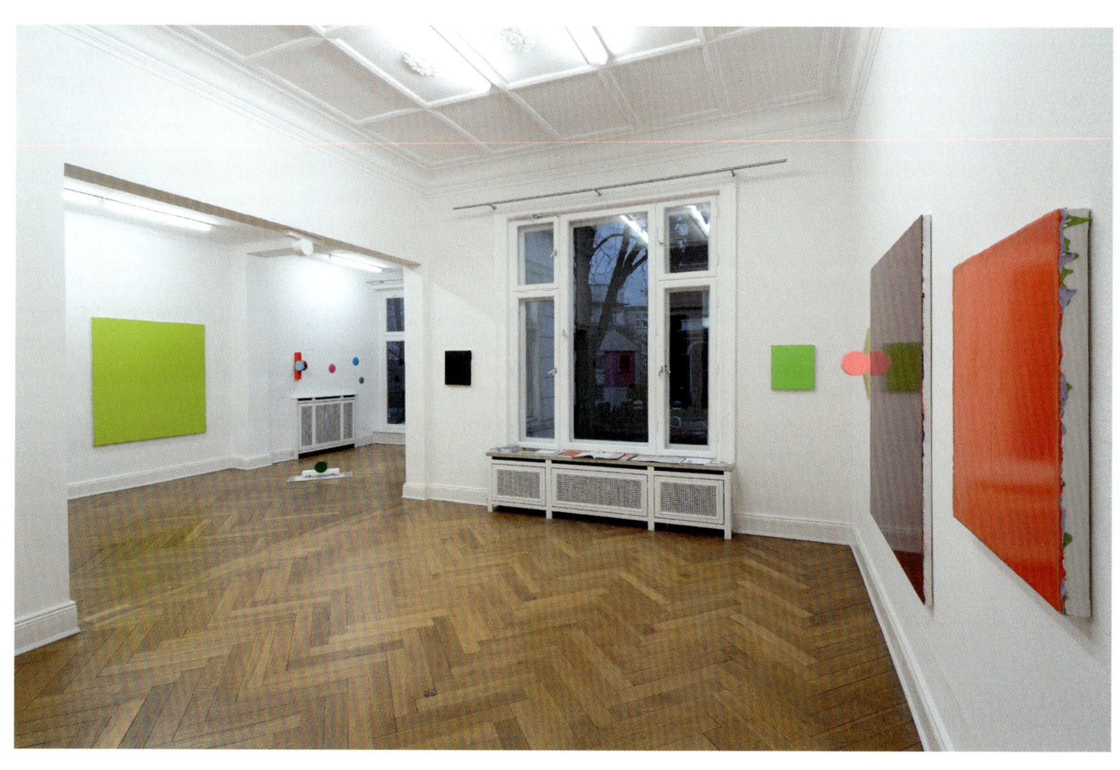

Color as movement, as superimposition that overcomes a body in order to dramatize itself. The support serves as the stage for a drama called color. The radicalness with which Kintz allows the paint to celebrate itself as material, in its tonality as well as in its dispersion and mass, is absolute. Nevertheless, the viewer is not frightened. Thanks to knowledge about the objects, the color seems like a kobold whose winking calls a familiar object into question, alienating it and awakening to a new life.
With the passing of the time that the *Zeitobjekte* originally symbolized, that very paint grows into a new life and unfolds in all its range, from the brittle and dry by way of matte or glossy to golden festiveness or sparkling joie de vivre.
With the same logic and the same "winking," Kintz uses other components of the support stripped of its function. The installation *24 Hours* (2012, acrylic behind glass, diameter: ca. 20 cm, pp. 96–97) consists of clock glasses taken from those deboned bodies. Painted on the back, in one layer, they are convex, in keeping with their original function. They seem to curve out of the wall, absorbing space behind them and from opposite them, by means of reflection. Kintz manages not to expose color, despite its great self-confidence, as a vain, narcissistic actress but rather presents it as an artistic force, as energy.

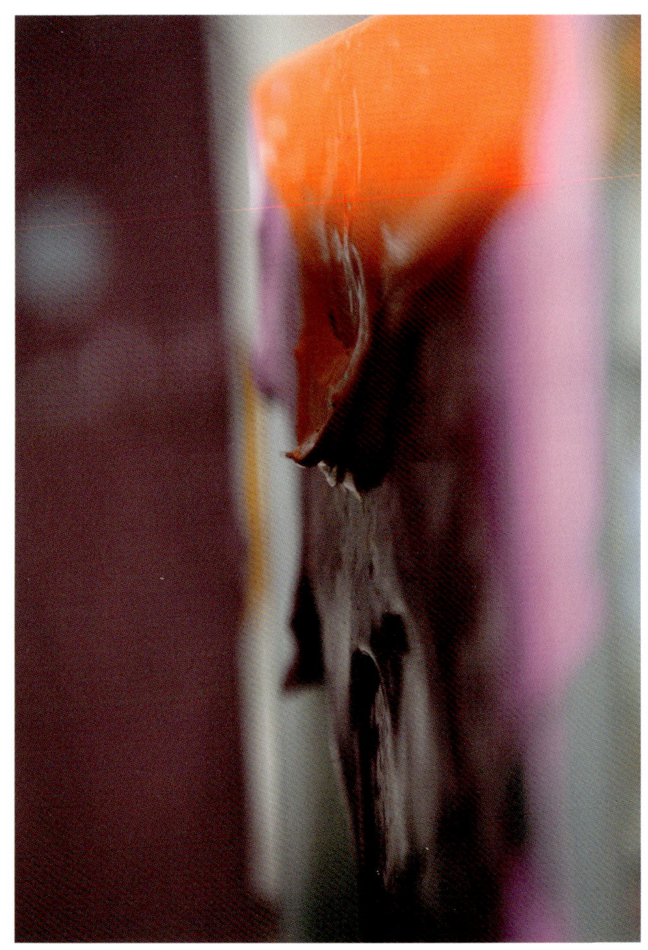

Raumansichten
Installation Views

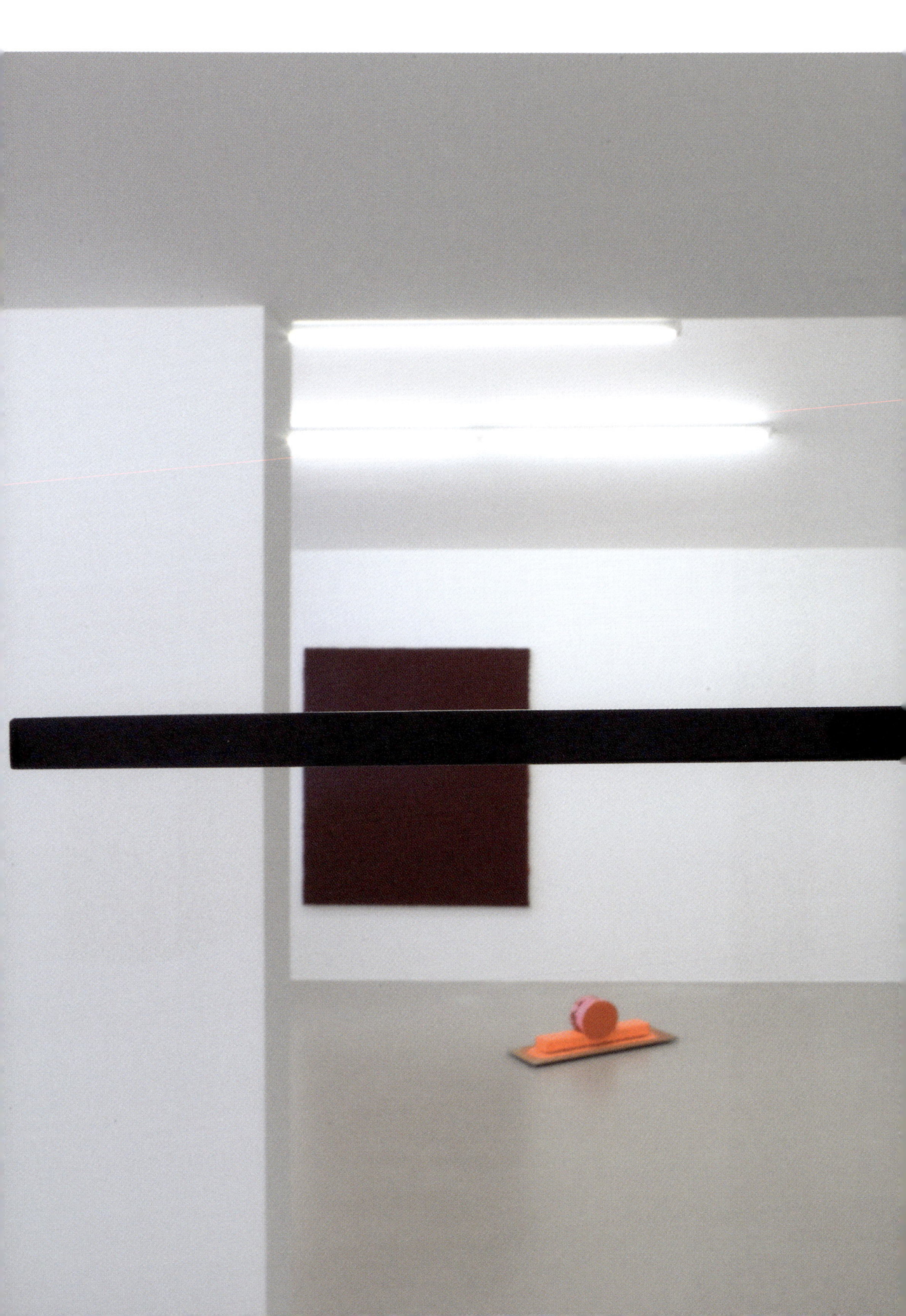

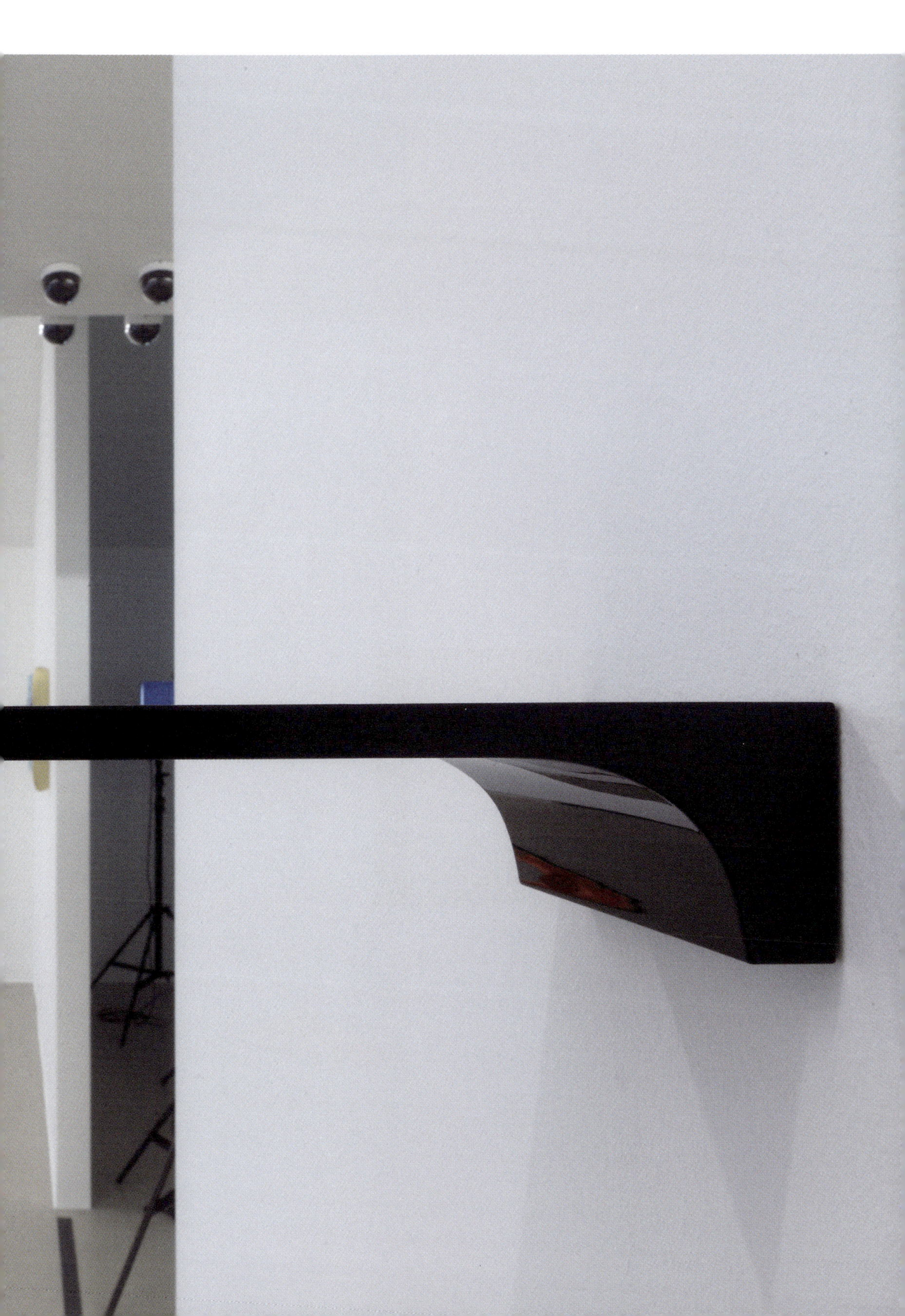

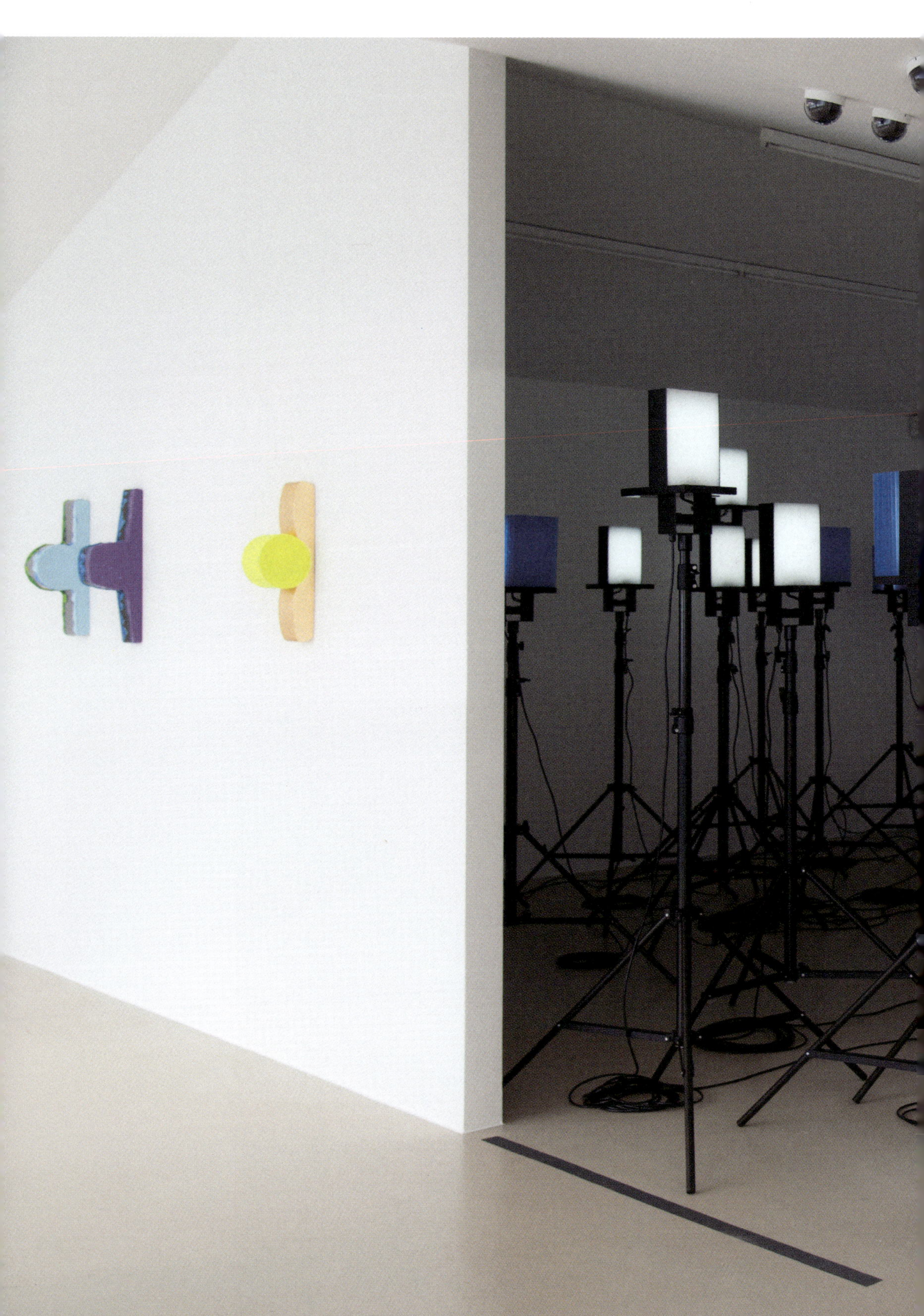

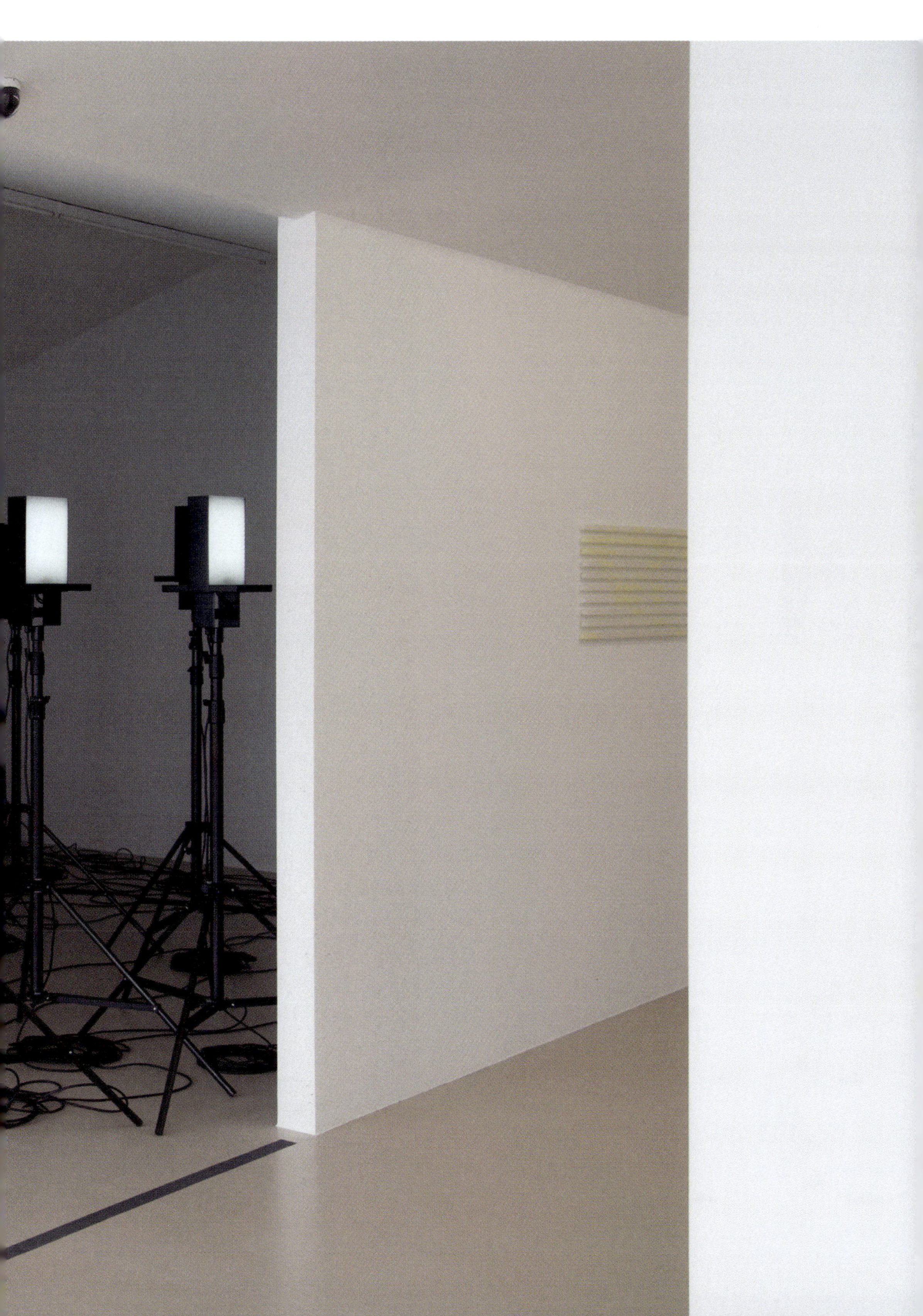

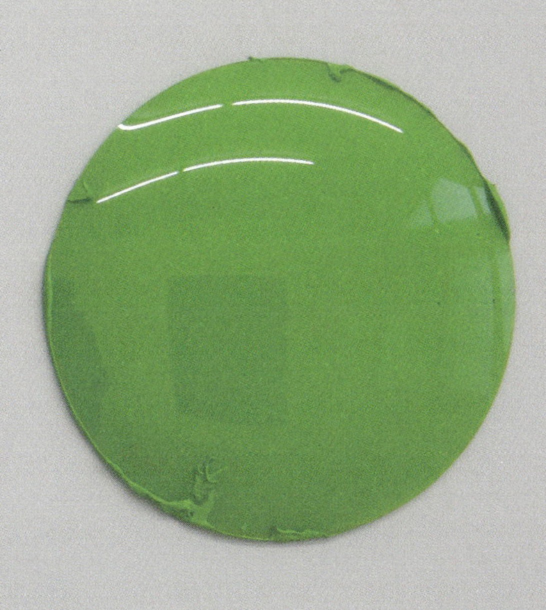

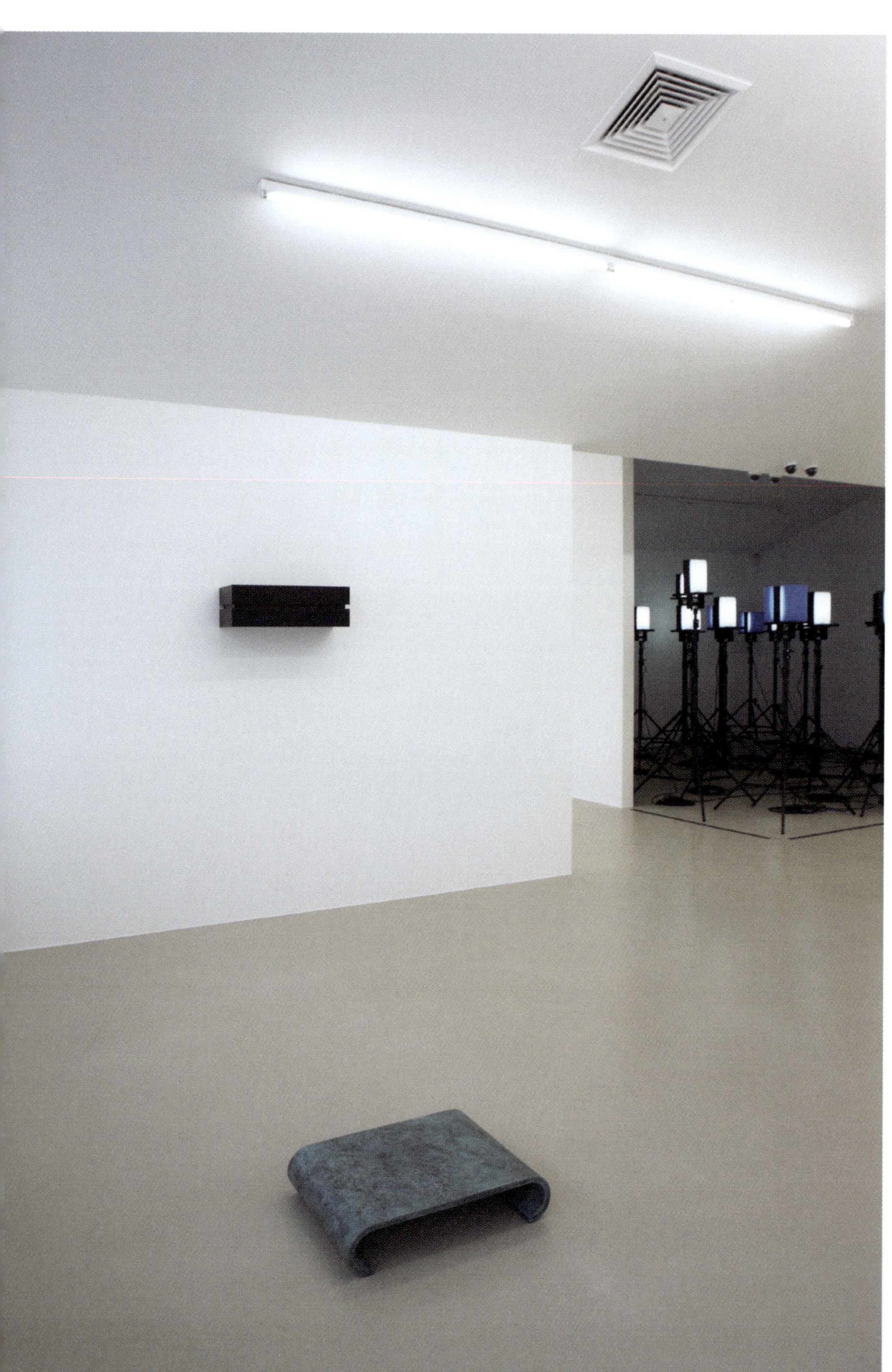

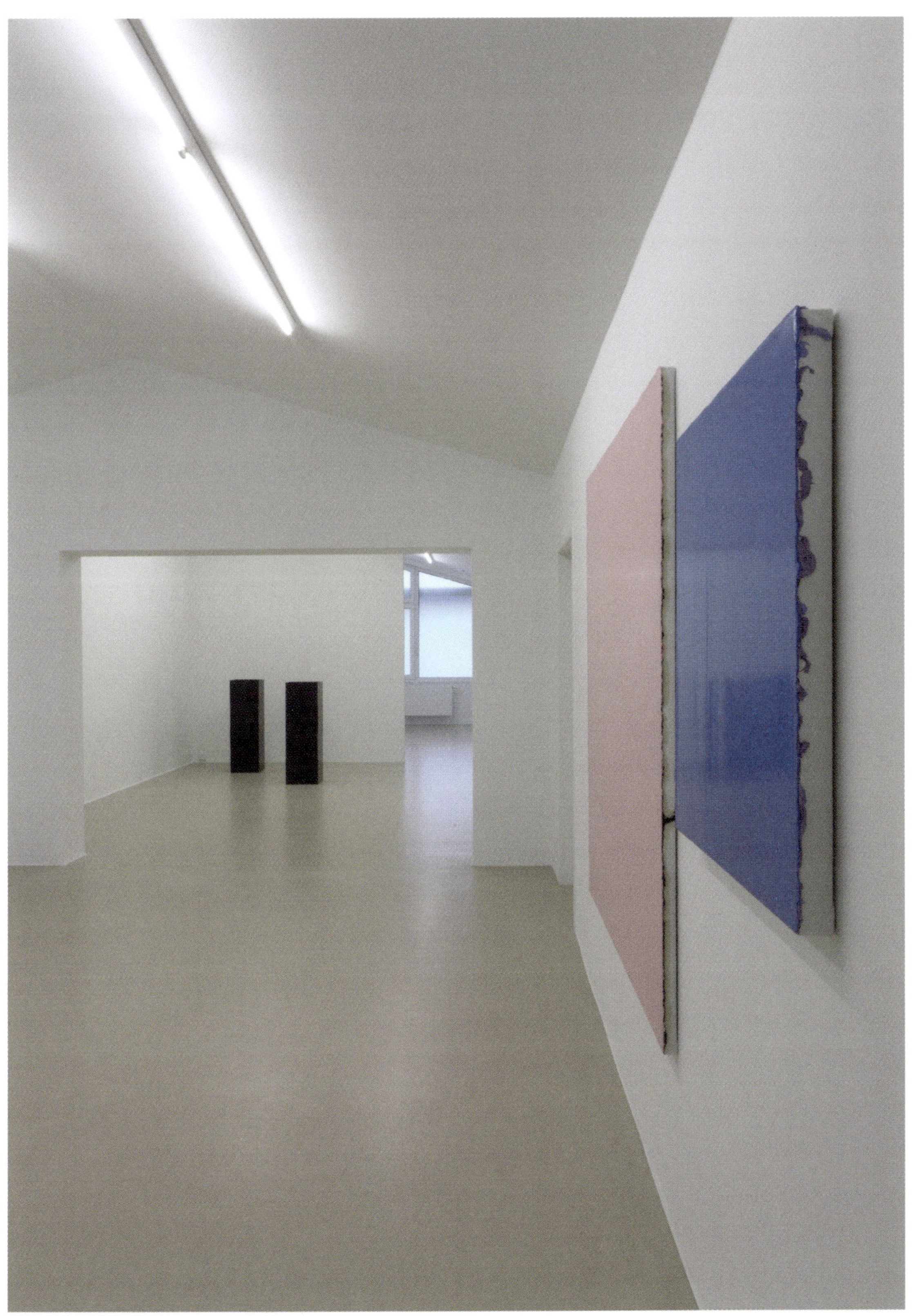

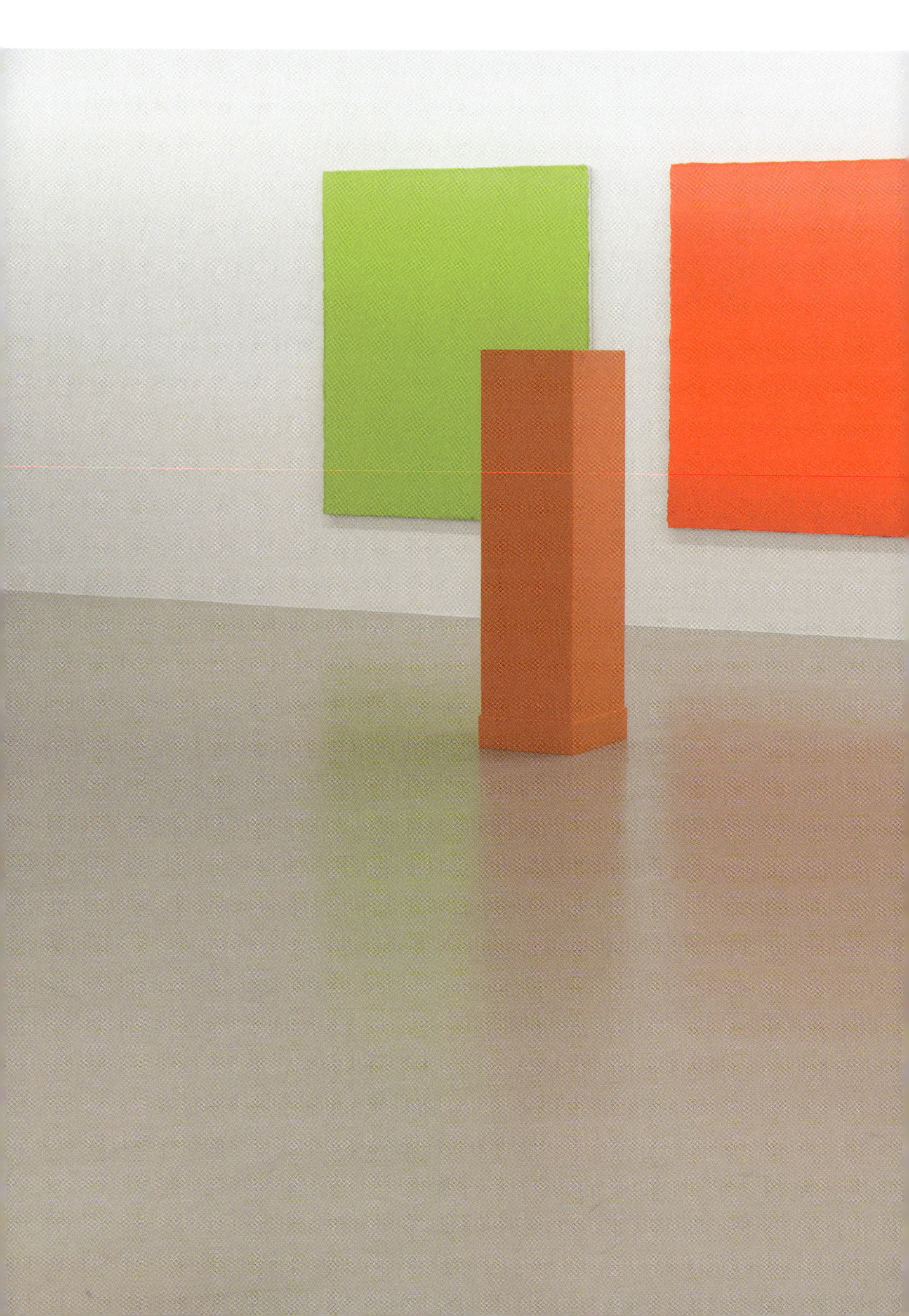

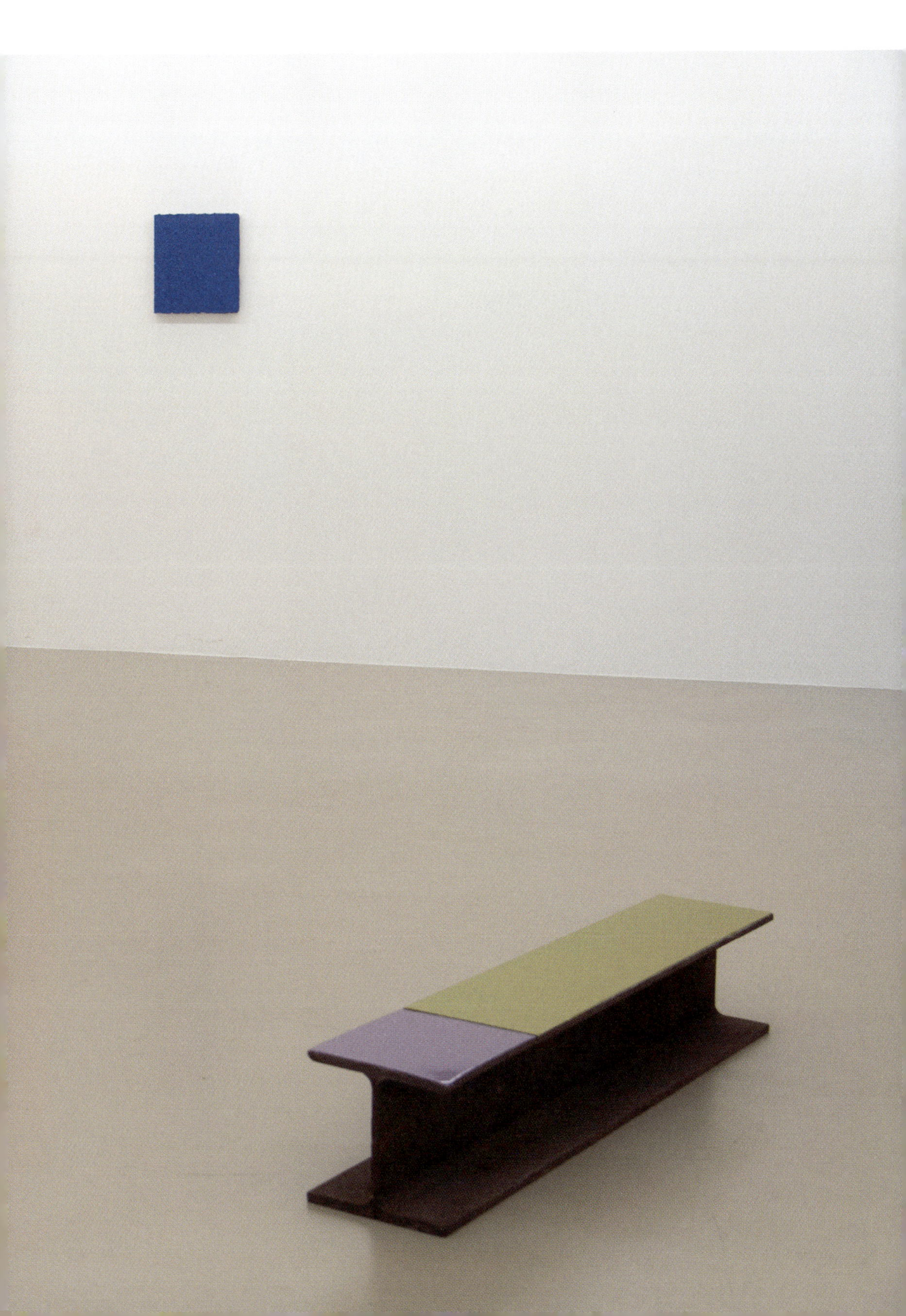

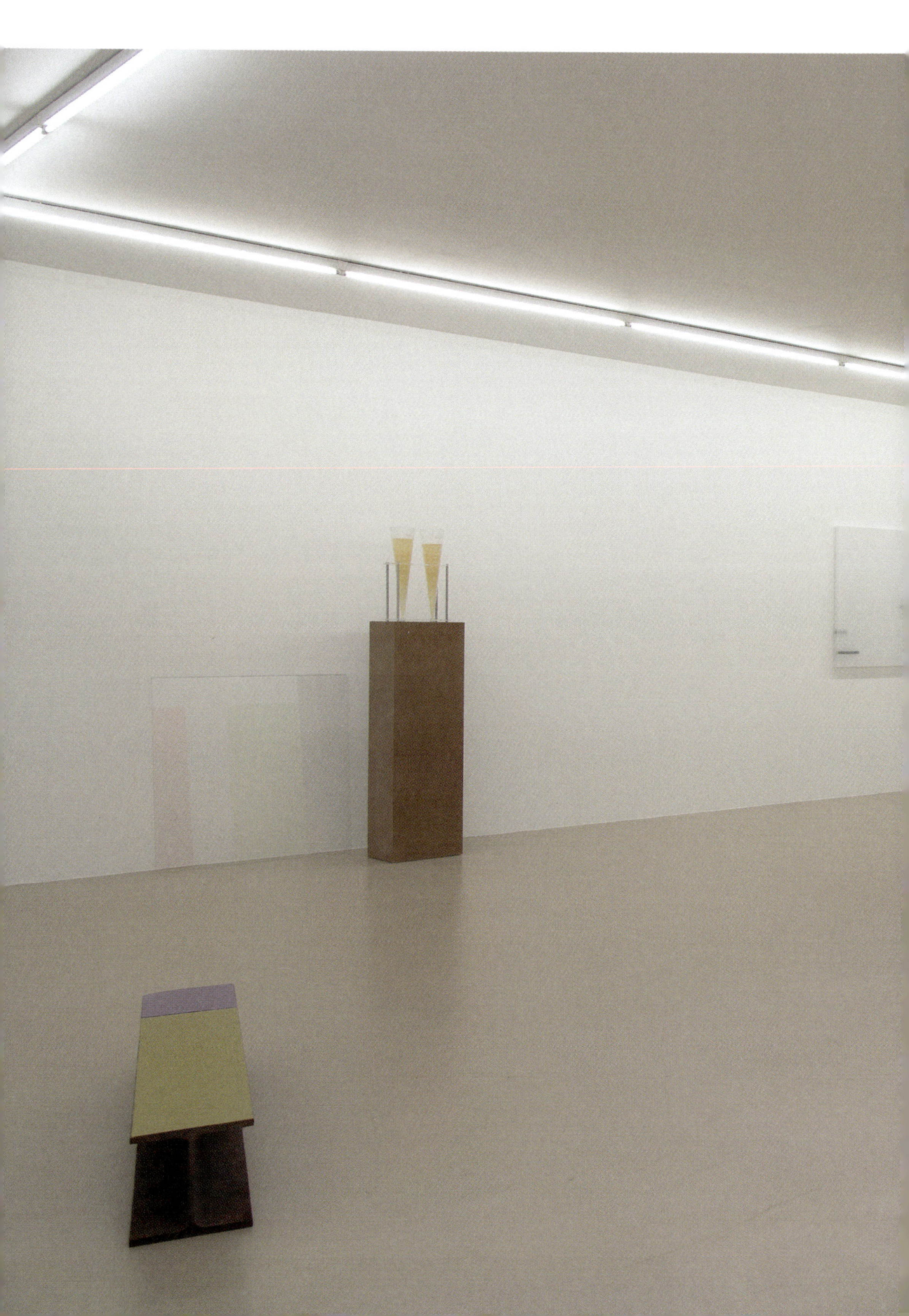

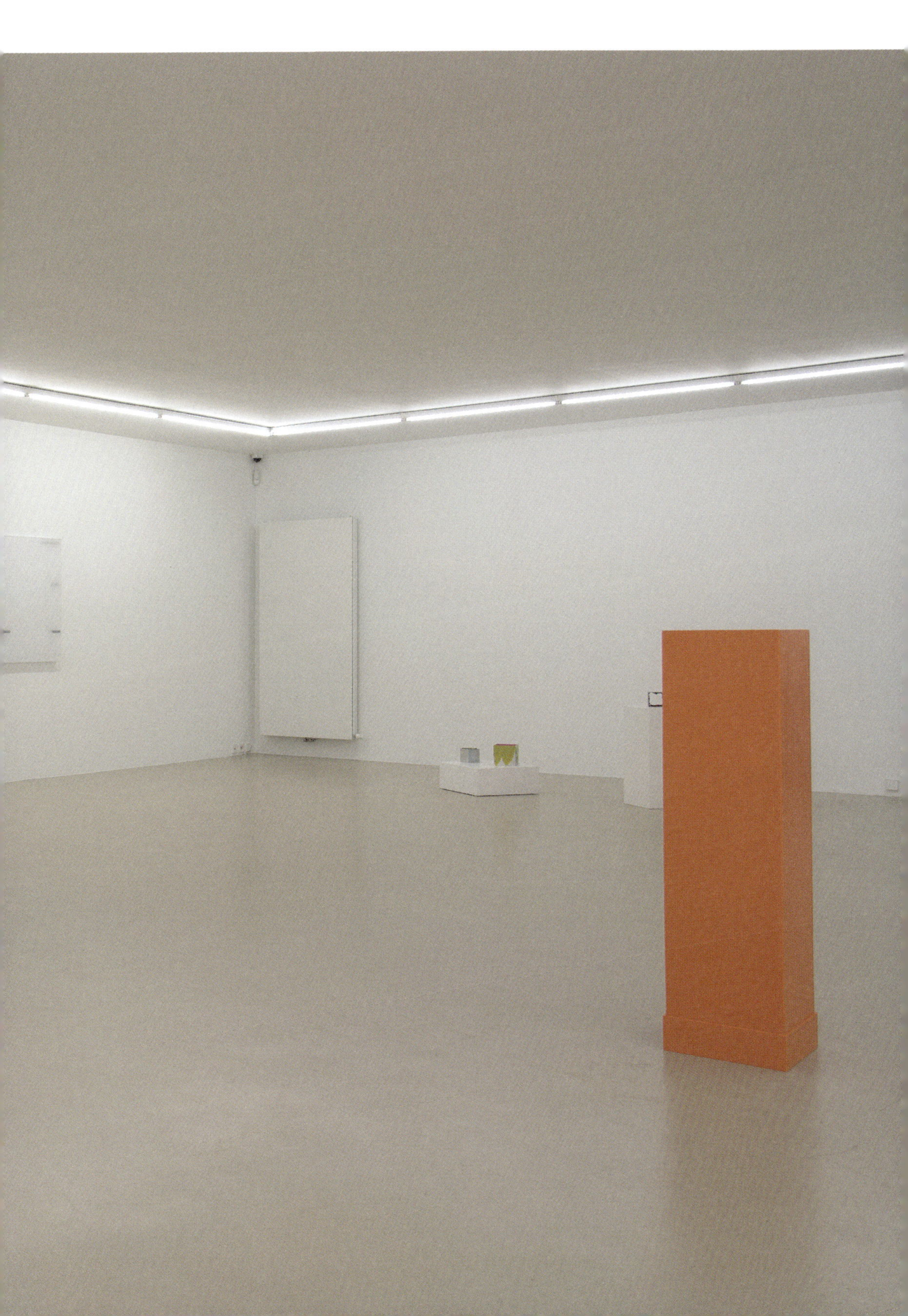

Museum gegenstandsfreier Kunst
Otterndorf
Marktstraße 10
21762 Otterndorf
Tel. +49 (0) 4751 979999
Fax +49 (0) 4751 979997
museum@mgk-otterndorf.de
www.mgk-otterndorf.de

27. Januar bis 28. April 2013
January 27, 2013—April 28, 2013

Herausgeberin_Editor
Ulrike Schick
Übersetzung_Translation
Steven Lindberg
Fotografie_Photographs
S./pp. 19, 30, 36, 38, 39, 42, 46, 68, 70, 74, 76, 80, 92 o.l./t.l., 96–97, 98, 101–103, 106, 114–115, 118–119, 120–121 Alistair Overbruck, Köln/Cologne; S./pp. 6–7, 20, 22–29, 32–34, 39–41, 47–48, 51–58, 60–61, 63–65, 69, 72–73, 77–79, 82–86, 88–95, 99–101, 103–105, 108–109, 116–117, 122–125 Christian Ring, Bielefeld; S./pp. 44–45 S./p.110 Michael Bogumil, Hamburg; S./p. 112 Veljko Tatalovic, Hamburg; S./pp. 44, 45 Heidemarie Brassat, Düsseldorf, VG Bild Kunst; S./p. 59 Moritz Wegwerth, Düsseldorf; S./p. 62 Werner Haypeter; S./p. 127 Henning Haag, Bremerhaven
Mit freundlicher Genehmigung von_Courtesy of
S./pp. 44–45 Galerie Konrad Fischer Düsseldorf und Künstler_and artist; S./pp. 51–59 Lichtfeld 2003/2013 Leihgabe Privatsammlung_Loan private collection, Bonn; S./p. 62 Privatsammlung_Private collection, Essen; S./pp. 70, 72/73 Privatsammlung_Private collection, Essen; S./p.110 Galerie Nanna Preußners, Hamburg
Katalogdesign_Design; Satztechnik_Typesetting
Christian Ring
Projektmanagement_Project Management
Kerber Verlag, Kathleen Herfurth, Charlotte Reimann
Lektorat_Copyediting
Karoline Mueller-Stahl
Sarah Quigley

Wir danken für die freundliche Unterstützung von
We thank the generous support of

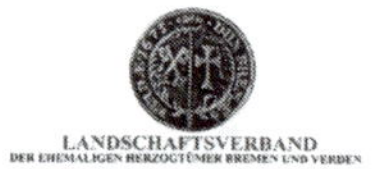

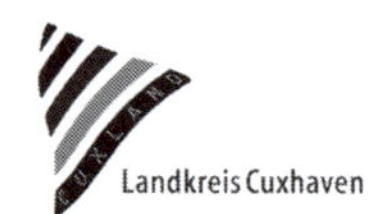

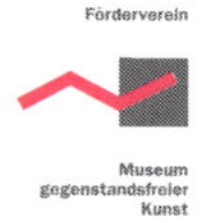

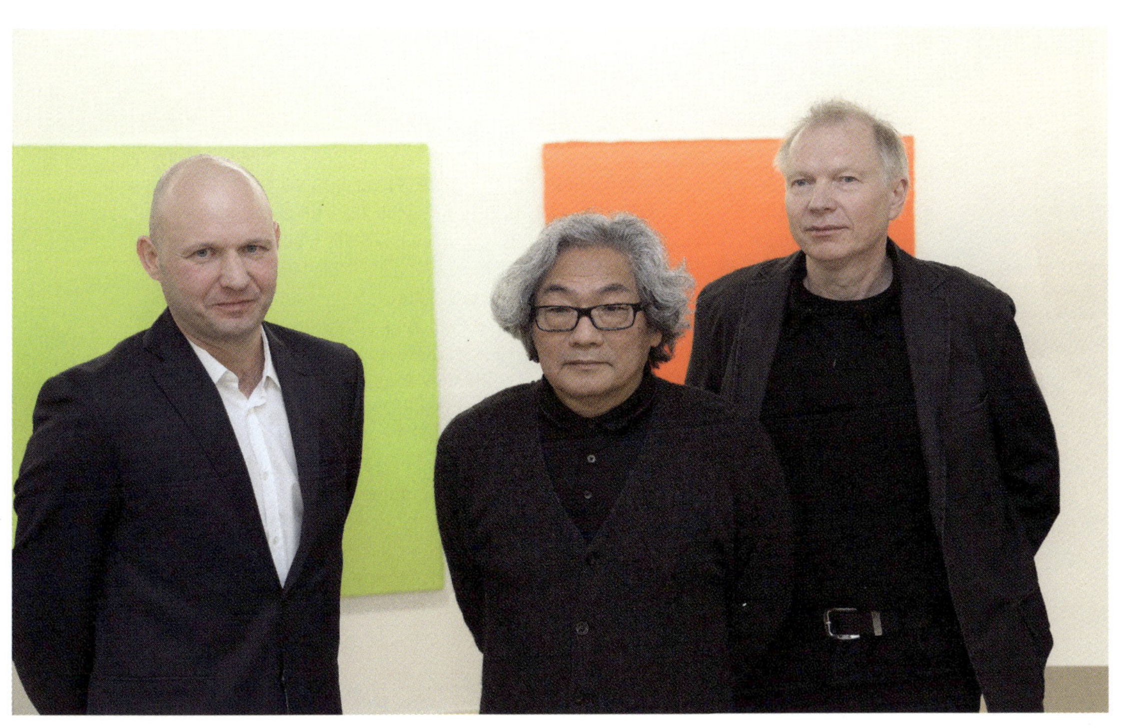

Christian F. Kintz, Yuji Takeoka, Werner Haypeter

Gesamtherstellung und Vertrieb_Printed and published by
Kerber Verlag, Bielefeld
Windelsbleicher Str. 166–170
33659 Bielefeld
Germany
Tel. +49 (0) 5 21/9 50 08-10
Fax +49 (0) 5 21/9 50 08-88
info@kerberverlag.com

Kerber, US Distribution
D.A.P., Distributed Art Publishers, Inc.
155 Sixth Avenue, 2nd Floor
New York, NY 10013
Tel. +1 (212) 627-1999
Fax +1 (212) 627-9484

ISBN 978-3-86678-904-3

www.kerberverlag.com

Printed in Germany

Die Deutsche Nationalbibliothek verzeichnet diese Publikation in der Deutschen Nationalbibliografie; detaillierte bibliografische Daten sind im Internet über http://dnb.dnb.de abrufbar.
The Deutsche Nationalbibliothek lists this publication in the Deutsche Nationalbibliografie; detailed bibliographic data is available on the Internet at http://dnb.dnb.de.